女性政治家が増えたら何が変わるのか

秋山訓子

Akiyama Noriko

a pilot of wisdom

目次

選挙は続くよどこまでも

「議会」という壁

「議会が変わらないと」

綱渡りの中で

第4章　女性議員を増やすには

制度で増やすには

自分たちで増やすには

増えつつある「スクール」

地方では自治体主導も

芦屋、尼崎、宝塚の謎

先駆者たちからのバトン

広がるコミュニティ「男性だったら絶対に行かなかった」

はじめに

今、日本の女性の頭上を暗雲が覆っている。「絶望」という名の暗雲が。

女性が参政権を得たのが1945年。その翌年、戦後初の衆院選で女性当選者の割合は8・4%だった。そこから78年たってようやく衆院選の女性当選者の割合は15%を超えた。なんたる遅さ。暗澹《あんたん》たる気持ちになる。議会とは法律を作り、制度を作るところ。そこでこのあり様だと、男女平等だなんてとても実現しない。無理だ。不可能。ありえない。

でも、実は雲の隅っこに、小さな小さな切れ目がある。そこから光が見えている。まだ、多くの人は気づいていないけれど。

2023年の統一地方選。9つの市区町村議会で、女性が半数、あるいは半数を超えた。日本の地方議会は1788。そのうちの9つなんて……とまた暗い気分になりそうだが、ちょっと待たれよ。その前は、4つしかなかったのだから（しかも、この9つの議会とは違う＝朝日新聞調べ）。

つまり、統一地方選の分は、女性が半数以上の議会はゼロから9。このまま9倍、9倍と増えていけば8年後には729、40%を超える。これでも遅いが、国政は78年たって15%をようやく超えた、と思えばそのスピードははるかに速いし、加速するかもしれない。このトレンドを見ると、加速すると見ていいだろう。

女性の首長も64人（「女性首長によるびじょんネットワーク」のサイトより、2024年9月現在）。少なすぎる。でも、そもそも女性初の市長が誕生したのが1991年、ほんの30年前の話だ。1990年代になるまで、日本に女性市長は存在しなかったのだ。それから30年余、2023年の統一地方選では7人の女性市長が誕生している。

変化は起きているのだ。確実に。そして、加速して。

しかも、一度女性という異分子が入り込むと、さまざまな化学変化を引き起こす。たとえば第2章で詳述するが、同じく2023年の統一地方選で東京都世田谷区議会に初当選した女性がいる。30歳だった。SNSを駆使して、それでつながった同年代の女性たちが応援した。定数50人のところ、75人が立候補して10位で見事当選。

で、それでめでたしめでたしとは終わらない。というか、本番はここからだ。

彼女の議会での初質問を、応援した女性たちが見に行った。

そして驚いた。なぜなら、彼女が質問していた時に、ベテランの男性議員たちがヤジこそ飛ばさなかったが、大きな声で、おしゃべりしていたからだ。あまりに失礼だし、初めて質問する彼女にとっては威嚇されたも同然だ。

これっておかしい。嫌がらせだ。ハラスメントだ。

立ち上がった女性たちがいた。議会でのハラスメントを規制するための条例を作るべく街頭とオンラインで署名を集め、陳情として世田谷区議会に提出した。当選させただけでは足らず、その後も動き続けなければならないのだ。

しかし、異分子が入り込んだことで、今まで当たり前のように見過ごされてきたこと、手つかずだったことが可視化され、疑問符がつく。そして改革が始まるのだ。こういう、今まで当たり前だったことがそうではなくなる、というところが多様性の意義なのだ。前提を疑うことから多様性は始まる。

そして、男性。「あー、男女平等、はいはい、正しいです、どうぞどうぞ女性のみなさんがご自由にやってください」と言ってそっぽを向かないでほしい。

声を大きくして言いたい。

これは、女性だけの問題ではありません。男性の問題でもあるのです、と。

男女がもっと平等になって、女性が生きやすい社会というのは、男性も生きやすい社会なのだ。ゼロサムではない。たとえば、働き方ひとつをとったってそうだろう。女性が出産する。育休を取り、復帰をしても育児のために早く帰る。その時に、誰かにしわよせがいく、のではなくて、そういう働き方がおかしい、と業務の効率化や見直しにつながれば、男性にとっても働きやすい職場になるだろう。

それに、男女平等が実現していない社会で、男性性を強制されて、違和感を抱いたことはないだろうか。デートでは男性がおごるもの？　男は泣いたらいけない？　男の子は赤いランドセルを選ばない？　男とはこうあるべきと思わされていないだろうか？

そんなの誰が決めたのだ。小さい頃からすり込まれ、そう思い込まされているだけではないのか。男女平等になるというのは、女性が男性と等しく権利や発言権を得ること。そしてその先にあるのは、「女性が」生きやすい社会になるのではなくて、「誰もが」生きやすい社会になることなのだ。

これが、男性、とりわけエリート層にはなかなかわかってもらえない。ずっと多数派だったから、少数派の悲哀を味わったことがないのだ。そして、少数派の意見を聞くことが、少数派の過度の優遇となり、自分の権利が制限されると思ってしまう。

ちょっと想像してみてほしい。人が１００人いて、97人女性で、男性が３人しかいない（ＬＧＢＴＱの存在を無視しているわけではなく、話を単純化するために、ひとまず男女に限らせてもらう）。少数派にとって、こういう多数派の「圧」はすごい。何もなくても、その空気感にもう圧倒されてしまって、何も言えなくなる。男性がたばこ部屋やゴルフ場やバークラブで物事を決めてきたように、この97人の女性たちはランチ会やお茶会で重要な物事を決めてしまう。男性のことは誘わない。全く悪気はない。ただ視界に入っていないか、「来たいなら来れば」と思っているだけ。

でも、誘われない時に、この人数差で「自分も行きたい」と言うことは、ものすごく勇気がいる、というのはわかるだろう。そして、自分が誘われなかったランチ会やお茶会でどんどん重要なことが決まり、それが当たり前のようにどんどん進んでいったらどう思うだろう？　自分は排除されたと疎外感を覚え、「どうせ自分なんて」と思って、やる気も失ってしまうだろう。

これが、女性たちがこれまで置かれてきた状況なのだ。本文中でも具体例を引いてさらに解説したい。女性政治家がもっと、たとえば倍に増えたら、男性も確実に生きやすくなる。それは彼女たちがこれまでに実現してきた政策を見ればわかる。

男性と女性だけの話ではない。障害があったり、ひとり親だったり、ヤングケアラーだったり……、多くの人は何らかの「マイノリティ性」「生きづらさ」を抱えているのではないだろうか。一見何の不満もなさそうな、恵まれていそうな人だって、実は……ということはよくある話である。その時に、マイノリティ性を実感している人たち、当事者たちが政治の世界にいれば、それだけ政策の幅は広がる。強者に見える男性だって、自分のマイノリティ性にふたをして見ないふりをしているだけかもしれない。

本書では、地方政治で今何が起きているのか、あきらめなかった女性たちはどんなふうに政治を変えつつあるのか、なぜそれが起きたのかについて、各地の例で見ていく。

また、海外ではどのように「雲に切れ目」を入れてきたのか（つまり、制度として政治の世界に女性をどう増やしてきたのか）、その結果何が起きたのかも見ていく。

そして今後はどうなるのか。実は、日本の地方だけでなく、中央レベルでも変化が起きている。その理由を考察し、展望もしてみたい。

絶望するのはまだ早い。ようやく雲に切れ目が入ってきたのだから。その先にあるのは、未来と、たぶん希望だ。

なお、本書に収録した文章は、筆者が２０１９年から朝日新聞及び同ＧＬＯＢＥ、with Planet に書いた記事を修正・加筆したものや、独自に取材・執筆したものである。登場人物の談話は、断り書きがない限り、原則として筆者自身が取材している。また所属や肩書き、年齢などは取材当時あるいは言及している出来事があった当時のものである。

第1章　地方で芽吹く変化

2023年の統一地方選で起きたこと

選挙の投票に行っているだろうか。2024年衆院選の投票率は53・85%。低い。現行憲法になってからの衆院選で3番目に低かった。

投票率は長期低落傾向にある。昭和の時代は60%台になることはあっても、おおむね70%台で推移していた。平成5年、1993年の衆院選で67・26%になってから、以降、7割台に回復したことはない。2009年に民主党に政権交代した時も投票率は上がったものの、69・28%と70%に届かなかった。現行憲法になってから衆院選のワースト5の投票率は2012年以降の5回である。

が、もっと低いのが地方選挙だ。統一地方選は、それでも全国一斉に選挙をすることで世論を喚起し、投票を促しているが、2023年の統一地方選の投票率は、最も高い市区町村長選でも47・28%。一番低い道府県議選で41・85%。こちらも長期低落傾向で、すべて2019年を下回っている。単発の地方選挙となると、3割台はざらである。

地方選挙への関心は低い。どんどん低下している。

身近な政策への関心がないわけではないだろう。むしろ、日々の暮らしのさまざまな不都合はあれこれ感じているはずだ。

だが、それが投票行動、選挙へと結びつかない。

とはいえ、投票率が上がっている地域もある。たとえば、東京都杉並区だ。

詳細は後述するが、2023年の統一地方選では、前回（2019年）よりも4ポイントあまり上昇。しかも若い世代や女性で上がっている。その結果、女性議員が定数48人のうち性別を公表している47人中15人から24人へと増え、女性議員が半数を占めた。

同じく東京都練馬区では、1・55ポイント上昇。女性議員が4人増えて定数50人中18人となった。各地の結果に目をこらすと、こんなふうに投票率が上がり、女性が多く当選しているところが見えてくる。つまり、これらの地域では選挙への関心が高まって、女性に投票しようと思う人が増え、女性議員が増加したのである。

投票率と連動していなくても、2023年の統一地方選の結果を一言で言えば、「女性議員が増えた」ということである。

たとえば、「はじめに」でもふれたように、市区町村議会選では千葉県白井《しろい》市、兵庫県宝塚市、埼玉県三芳町《みよしまち》で女性の当選者が過半数を占めたのである。愛知県日進市、東京都武蔵野市《むさしのし》、大阪府忠岡町《ただおかちょう》、長野県朝日村（無投票）、奈良県三郷町《さんごうちょう》、そして前述の東京都杉並区の議会でも、当選者の女性比率が50％に達した。

朝日新聞（2023年2月18日）の調べによると、2023年の統一地方選の前に、全国1788の地方議会にアンケートを実施したところ、同年1月1日現在で、地方議会の女性比率は50％が最高で、東京都清瀬市、大阪府島本町《しまもとちょう》と豊能町《とよのちょう》、兵庫県小野市の4つだった。

一方で、女性が1人もいない、「女性ゼロ議会」もある。

別の朝日新聞の記事（2023年6月5日）によると、2023年の統一地方選での41道府県議選と東京の21区議選、17政令指定市議選、667市町村議選の結果、女性ゼロ議会は89（11・9％）だった。

とはいえ、統一地方選全体で見ると、当選者の女性比率は、2015年の14・1％（2158人）、2019年の16・3％（2451人）から、2023年は19・9％（2943人）と着実に増えている。

首長選についても同様である。２０２３年の統一地方選では前回よりも１人多く、過去最多となる７人の女性市長が誕生した。それでもまだ、内閣府の男女共同参画局によると、２０２１年で市区町村長での女性は１７３７人中40人、２・３％でしかない。ただ、「はじめに」でもふれたように、そもそも日本で女性市長が初めて誕生したのが１９９１年の芦屋《あしや》市長。それから40年もたっていないのである。当選者が１人しかいない首長選挙で、ここまでよく増えたと言えるかもしれない。

つまり、全体的に言って、総数で見てしまえば女性の政治家はまだまだ少数派だが増加しており、しかも勢いがある。その勢いは加速度的に増しているのである。日本のあちこちで、点を打つように女性政治家が増えている。しかも、それは、都市部のみならずその他の地域でも起きている現象なのである。それが、この統一地方選の結果から読み取れる。この全国各地の「点」が線となり、そして面となって女性政治家がどんどん増えていく、今はそのほんの少し前の状況なのである。

各地で起きている状況を詳細に見ていくと、女性政治家が増えるということが、政治や人々の生活にどのような変化をもたらすかが理解できる。有権者の政治や選挙への関心を呼び起こし、政策や政治文化や土壌に変化をもたらす。逆に、政治や選挙への関心が増すと、女性政治家が増えるとも言えるかもしれない。

自治体の状況を見ていく前に、これが地方選挙だけではなくて国政レベルでも起きつつあるということを、次の節で見ていこう。

2023年4月、補欠選挙の衝撃

2023年4月23日、衆参5つの補欠選挙が行われた。統一地方選の後半戦と同じ日だった。

「政治とカネ」の問題によって自民党の薗浦《そのうら》健太郎氏が辞職した衆院千葉5区、体調不良で岸信夫元防衛相が議員辞職した衆院山口2区、安倍晋三元首相の死去に伴う衆院山口4区、元国民民主党の岸本周平氏が和歌山県知事選に出馬するために辞職したことに伴う衆院和歌山1区、そして無所属の野党系議員だった安達澄《きよし》氏が、大分県知事選に出馬するために辞職したことに伴う参院大分選挙区だった。

このうち山口2区は岸氏の長男である信千世《のぶちよ》氏が、山口4区は元下関市議であり安倍氏の後継とされた吉田真次《しんじ》氏が当選した。もともと保守が非常に強い地盤であり、補選となった経緯からもこの2人が勝つことが予想されていた。

残りの3つの選挙区は、大激戦だった。

千葉5区は、薗浦氏が当選5回を重ねていた地域で自民党が強かったが、都市部でもあり、無党派層が多い。ここに立候補したのが元国連職員の英利《えり》アルフィヤ氏（自民党）、元県議の矢崎堅太郎氏（立憲民主党）、元浦安市議の岡野純子氏（国民民主党）、元参院議員秘書の岸野智康氏（日本維新の会）、元衆院議員の斉藤和子氏（共産党）ら7人だった。当選したのは英利氏。もともと自民党議員のスキャンダルによる辞職という負の遺産を抱えての出発だったが、激戦を制した。次点の矢崎氏とは約5000票差であり、野党側が候補者調整できなかった戦略ミスもあったが、勝ったのは女性の英利氏だった。

和歌山1区は、2021年の衆院選で岸本氏に敗れた自民党の元職、門《かど》博文氏が立候補。門氏は衆院議員として3期務めた実績があり、知名度ではるかに勝ると思われた。他に元和歌山市議の林佑美《ゆみ》氏（日本維新の会）ら3人が立候補した。日本維新の会は2021年の衆院選で、近畿地方で圧倒的な強さを発揮し、大阪府では全19選挙区のうち15を制した。

和歌山県では小選挙区の議席は確保できなかったが、大阪府や和歌山県を含む比例代表近畿ブロックで定数28のうち10を獲得し、8の自民党を上回って首位となった。その日本維新の会の勢いが続いており、立憲民主党や国民民主党が候補を擁立しなかったこともあるが、林氏は門氏を6000票あまり上回って当選した。2024年の衆院選では、英利氏、林氏共に比例復活ではあるものの、再選を果たした。

参院大分選挙区は、新顔である飲食店経営者の白坂亜紀氏（自民党）と、2019年の参院選比例区での当選者で、自治労（全日本自治団体労働組合）の組織内候補であり、党の大分県連代表も務めていた吉田忠智《ただとも》氏（立憲民主党）の一騎打ち、与野党対決となった。勝ったのは白坂氏だった。大分県はもともと社会党（現社民党）が強い地域で、村山富市元首相などを生んできた。吉田氏もかつては社民党に所属しており、大分県庁出身で、自治労に入り、労働運動一筋にやってきた。しかし、女性の新顔に勝てなかったのである。

以上3つの選挙はすべて激戦を女性候補が制した。必ずしも女性の所属する組織にとって有利だったわけではない。だが、「女性である」ということが有利に働いたのではないだろうか。スキャンダルや旧来型の政治、組織型の選挙活動や労働運動にはもう期待できない。政治に新しい風がほしい。それができるのは既得権に縛られていない女性――、有権者はそう判断したのではないだろうか。

有権者は女性に期待している。女性は勝てる。この補選で、それがはっきりと示された。以降、政党、特に自民党の女性候補を見る目が変化し、女性擁立の動きが加速していく。

なぜ女性に投票するのか

補選の結果に見る通り、有権者が女性に期待していることが示された。では、なぜ女性に投票するのだろう。

筆者は、女性が政治の世界の新参者だから、ではないかと考える。これは政党で見た時に、参政党やれいわ新選組が一定の支持を得ているのともパラレルな現象ではないかと見ている。2024年の東京都知事選で、石丸伸二氏が支持を伸ばしたのも同様だ。

組織社会に縛られてきた男性が、メンツやプライド、しがらみにがんじがらめになって新しいことに踏み出せず、何もできないでいた様子を、有権者は我がこととして、あるいはごく近くで観察してきた。女性はそういう組織のヒエラルキーに良くも悪くも無縁だった。

だからこそ、これまでの常識が通用せず、未知で変動性が高く、「ＶＵＣＡ」（Volatility：変動性、Uncertainty：不確実性、Complexity：複雑性、Ambiguity：あいまい性）と呼ばれる将来予測が難しい時代には、政治の世界から疎外されてきた女性に期待するしかない、いや疎外されていたからこそ常識や前提にとらわれず、思い切ったことができるかもしれない、と考える有権者が増えてきたのではないだろうか。ＶＵＣＡはもともとアメリカの軍事用語で、現在ではビジネスの世界でよく使われている言葉であるが、社会や政治についてもあてはまる。

高度経済成長時代のモデル――同質性の高い男性たちが一心不乱に同じほうを向いてひたすら一生懸命働く、という図式は、現代にはもはや通用しないのである。

しかも現代には、新たな社会課題が多く出現し、従来のやり方では解決できない。気候変動、シングルマザーの貧困、非正規労働者の増加、孤独・孤立など、枚挙にいとまがない。

従来の組織構造から疎外、排除されてきた女性だからこそ、前提にとらわれず果敢に課題に取り組み、新たなイノベーションを生む可能性があるのである。有権者はきっと、そこに期待しているのではないだろうか。これまでのマイナスの経験が逆にプラスへと作用するようになっているのである。2009年、それは民主党への期待だった。しかし、裏切られてしまった後は、それが女性に向けられているのではないだろうか。

女性過半数には理由がある

ここで、2023年の統一地方選で女性が多く当選した地方議会のうち、白井市議会を例にとって、なぜ女性議員が増えたのか、その背景には何があるのか、そして女性が増えて政治や政策がどう変わったのかについて見ていく。

白井市は千葉県北西部に位置し、人口は約6万人。梨の栽培がさかんな近郊農業地域だったが、1970年から千葉ニュータウンの造成が開始され、人口が急増する。1970年代、筆者は千葉県内の埋め立て地に作られた住宅街に住む小学生だったが、近くの団地に住む同級生が千葉ニュータウンの造成に伴い、引っ越していったのを覚えている。

北総鉄道が1979年に開通したが、千葉ニュータウンと都心を結ぶこの路線は、「日本一運賃が高い」として有名だった。ニュータウンの造成以前からこの地域に住む「旧住民」と、ニュータウンにマイホームを得て越してきた「新住民」が混在している。2001年に白井町から白井市になった。

市議会は定数18人のうち、10人が女性だ。といっても、昔から女性市議が多かったわけではない。女性市議（当時は町議）が初めて誕生したのは1987年のことだ。議員定数24人のうち、3人の女性が当選した。

女性議員の増加に、弾みがついたと思われる事件があった。2000年のことである。前年の1999年に行われた県議選の際に、現金買収に関わったという容疑で保守系の町議6人が逮捕、起訴されるという前代未聞の事態が起きた。1999年には町議選も行われており、町議会議員24人中女性が7人とすでに3割近くを占めていたが、逮捕されたのはすべて男性だった。逮捕された議員は全員辞職、県議も1人逮捕されたため、県議補選と町議補選が行われた。

逮捕された町議6人は皆、旧住民地区を地盤としていた。当時の新聞記事を見ると、「元町議古川栄さん（五三）は『ニュータウンには票があるが、地元（旧町地区）には票が少ないから、奪い合いになり、どうしてもカネが絡む』と指摘する」「旧町地区の会社員男性（五一）は『地元のしがらみがないニュータウンの住民が立候補し、町政に参加すればば（買収事件は）なくなるよ』と話す」とある（朝日新聞、2000年4月23日・千葉県版）。

女性の町議が辞職して県議補選に出たため、欠員は7。これに対し15人が立候補。当選した7人のうち女性は3人。立候補した女性全員が当選している。この結果、町議会の女性は24人中9人、比率は8ポイント以上伸びて、37・5%となった。

金銭スキャンダルの後に女性を擁立、あるいは女性が立候補して当選というのは珍しくない。前述のように2023年の衆院補選の千葉5区も、政治とカネの問題で自民党の男性議員が辞職した後、自民党が擁立したのは女性であり、当選している。また後述する兵庫県宝塚市でも、市長が二代連続して汚職で逮捕され、辞職するという事態の後に女性市長が誕生している。

女性のほうが男性に比べて利権やしがらみも少なく、クリーンだというイメージがあるのだ。これまでの既得権の構造から排除されていたからであろう。

千葉県内初の女性市長が誕生したのも2008年、白井市だった。ただ、この市長は議会と対立して2011年に不信任案が出て可決された。市議会を解散しなかったために失職し、出直し市長選が行われた。失職した市長に加え、市議だった女性も出たが、男性候補に敗れている。

その立候補した女性市議が柴田《しば》《た》圭子氏だ。柴田氏は1999年に白井町議に初当選、2011年に市長選に出るため市議は辞職したが、その次の市議選からまた立候補し、7回の当選を重ねている。2007、2011、2019、2023年の選挙までトップ当選だ。その柴田氏に話を聞いた。

柴田氏が白井町に引っ越してきたのは1994年。神奈川県川崎市にある夫の勤め先の社宅から、千葉ニュータウンに自宅を購入したからだ。

子育てをしながら、パートタイムの英語講師をしていた柴田氏が政治に深く関心を持つようになったのは1998年のことだった。ニュータウン内で、住宅・都市整備公団（都市再生機構の前身）がもともと説明されていたコンセプトと違う建物を建設しようとしていた。納得がいかなかった柴田氏は仲間の主婦たち4、5人で立ち上がり、建設反対の署名を集め始めた。

「男性たちは昼間は東京などに働きに出ている。住民運動をするとなると、どうしても女性が中心になる。女性たちでがんばったら、あっという間に5000人くらいの署名が集まっちゃって」

住民の関心の高さに驚いた柴田氏は、本腰を入れて活動を始め、「旗振り役」となった。現在の状況や問題点について「チラシを書いては配りまくりました」。反対の垂れ幕を作ってマンションの窓から下げた。

柴田氏が大学を卒業したのは1981年。男女雇用機会均等法が成立した1985年の前だ。この世代の女性たちには、非常に優秀でありながら、職場で活躍する場を与えられなかった人たちも多い。「寿退職」「子どもを産んだら退職」が当たり前の時代だった。そのせいもあるのだろう、子育てのかたわら身近な生協活動や消費者運動、市民活動を熱心に行う人が目立った世代でもある。

白井町の近接地域でも、たとえば我孫子《あびこ》市や柏《かしわ》市などでは手賀沼・印旛沼《いんばぬま》の汚染を食い止めるべく、合成洗剤ではなくて粉石鹼《こなせっけん》を使おうという運動が主婦層を中心にさかんになっていた。白井町でも、主婦層を中心にPTAや子供会、学童などの活動がさかんだった。コーラスや本の読み聞かせなどの市民活動も活発に行われていた。

柴田氏たちは地元選出の地方議員や国会議員にも熱心に働きかけた。その結果、建物は計画を変更して建設されることになった。運動を始めた翌年の1999年の白井町議選に「この地域から町議になっている人がいない」と周囲から推されて出馬、当選を果たした。

「生活の中から、おかしいと思うことを調べて市に問題提起し、改善していくという市議の仕事はやりがいがあります」

開発事業が行われる時には市民が事前に内容を把握して意見書を提出したり審議会で陳述できるという、千葉県で初となったまちづくり条例や、市民の声を市政に反映させるべく、これも県で初の市民参加条例が柴田氏らの後押しでできた。買収事件の反省もあり、政治倫理条例ができたのも県内で初だ。

光が当たらなかった政策が表に

白井市の女性市議ではもうひとり、小田川敦子氏にも取材した。無所属の市民派議員だ。無所属の議員のほうが、より「しがらみがない」と指摘される女性の特質がクリアに見えると考えたからである。

小田川氏は2015年に初当選し、現在3期目だ。

北海道出身。1992年、25歳の時に結婚した相手が白井町出身だったことから、越してきた。長女に知的障害があったため、福祉や教育問題に関心を持ち、障害のある子どものサークルの主宰や、学童保育所保護者会の会長も務めてきた。長女が20歳になり、少し手が離れるのを機に、改めて自分の人生や道のりを考えた。「今だったらできるかもしれない」と思ったのだという。

「嫁であり、妻であり、障害児を育てた母。生活者としての自分の経験が生きる。職住近接で、長女のケアとも両立できる」

小田川氏は「地方議員の仕事は、女性に向いている」と言う。

「日々の暮らしと政治はつながっているからです」

女性議員が増えて、政策は変わったのだろうか。「それまで光が当たりにくかった福祉やジェンダーの政策が実現した」と柴田氏と小田川氏は声をそろえる。たとえば、「男女混合名簿や介護保険の保険料徴収の基準が、通例よりもきめ細かく分けられている」と言う。

今では廃止になったが、赤ちゃんと保護者に絵本をプレゼントするブックスタートの事業もあった。小田川氏が提案して、新しく作る公園には障害がある子どもでも楽しく遊べるようにインクルーシブ遊具が設置されることになった。

加えて、柴田氏と小田川氏のふたりが声をそろえたのは「女性議員のほうが議会でよく質問する」ということだ。本会議での一般質問は、希望者が全員できることになっている。2023年の6月、9月、11月開会の3回の定例会の一般質問について調べてみた。6月は15人中9人、9月は13人中9人、11月は13人中9人が女性だった。それぞれ女性比率は60%、69%、69%であり、議会全体の女性比率55・6%より高い。

もちろん、一般質問だけが議員の仕事ではない。しかし、議場で質問をするのは議員の仕事の基本であり、市民も目にすることができる大事な議論の場である。それを誠実に果たすのは議員として当然であろう。

市議会選挙の投票率を眺めていると、興味深いことに気づいた。

白井市の男女別の投票率は、衆参の国政選挙だと、男性のほうがわずかに高いか、あるいは女性が高いとしても1ポイント以下である。2024年、2021年、2017年の衆院選、2022年、2019年、2016年の参院選はいずれもそうだった。

一方で、2023年、2019年、2015年の過去3回の市議会選挙はいずれも女性のほうが投票率が高く、しかもそれぞれ1・7ポイント、2・0ポイント、2・4ポイント上回っている。つまり、白井市においては、身近な暮らしと直結した市議会に対しては女性の関心のほうが高いのだと言えよう。それが、女性議員を多く生み出す土壌となっているのかもしれない。

地方議会は女性にとって最高の職場

さて、女性議員が増えてきたことの背景やその結果を具体例で見たところで、働く場所としての地方議会について考えてみよう。

地方議会とは身近な生活に根ざした政策について議論し、決めるところであり、言うまでもなくその地域が職場だ。ダイナミックな国際政治はテーマではないが、日々の暮らし、たとえば子どもの通う地域の小学校の問題や子どもの貧困の問題、身近な環境などが課題である。当然のことながら、転勤もない。

ここは、「ポリコレ」ではないかもしれないが、あえて女性向きの職場、という表現を使いたい。白井市議の小田川敦子氏もそう話していた。

なぜならば、地方議会で取り上げる政策課題は、生活に密着しているからだ。一般的に言って、男性よりも女性のほうが生活感覚があって日々の暮らしの課題に敏感、と言ってもいいのではないだろうか。その是非はともかく、現状はまだまだそうであろう。

たとえば、社会人入学した大学で政治学の授業を取り、「市民の政治参加」という言葉にひかれて市議会を傍聴した女性がいた。学校給食の牛乳の問題が取り上げられていた。しかし、議員の男性たちは牛乳の値段を知らないようだった。それを見て驚き、子育て世代や女性の声が身近な政治に反映されていないと1995年、市議会選挙に立候補した。その人、平神純子氏は今も鹿児島県南さつま市の市議を務める。平神氏については第4章で詳しく取り上げる。

実は、というか少し考えればすぐわかるが、日々の生活すべては政治に結びついている。だから、スーパーや地元の商店街に出かけて買い物をして、野菜の値段が高くなった安くなったと知っていること、牛乳1パックの値段がいくらか知っていること、卵1パックが高くなったことに驚くこと、バターが品不足になっていることに困ること、子どもの通う小学校で学級崩壊やいじめが問題になっていることに心を痛めること、近くに住む子どもがどうやら虐待を受けているような気がするから何とかして救いたいと思っていること——すなわち地に足のついた生活者であることが、地方議会の議員であるためには何よりも強みなのだ。その強みを持たない人たちが議員をしている例がなんと多いことか。

そして、地方議会の議員は当然のことながら職住近接だ。自分の住んでいる自治体に職場があるのだから、通勤時間がかからない。繰り返すが、転勤もない。子育て中でも十分両立可能ではないか。むしろ子育ての当事者であることで見えてくるさまざまな問題こそが政策課題になる。そして、こういった課題というのは、男性が多数の議会ではこれまで往々にしてなかなか取り上げられてこなかったのだ。

生活者であることが強みであり、仕事との両立で悩みがちな子育てこそが課題発掘と発見の機会となり、力となる。職住近接、転勤なし。どうだろう、女性にとって魅力的な職場ではないだろうか?

若者と女性が動けば変わる

さて、そうは言っても、1人が持っているのは1票。そう簡単には変わらないのでは?

いや、そんなことはない。若い人や女性が動くことで選挙結果が左右されうる。各種の地方選挙で実証されている。

たとえば、2021年の北九州市議選。自民党の現職22人のうち6人が落選して、当時の菅義偉《すがよしひで》政権への批判の表れとも指摘された。その選挙で、自民党現職を破ってトップ当選した無所属の新顔がいた。大石仁人《じんと》氏、当時35歳。地元の高校の体育教師だった人物で、熱血先生として生徒に人気だった。選挙の応援には多くの教え子たちが集まり、事務所は若さであふれた。

大石氏が出馬した小倉北区の年代別投票率を見ると、2017年は全体の投票率が35%で、10代は27%、20~24歳は15%。2021年は全体が39%で、10代は32%、20~24歳は22%。若い層が伸びていた。

また、2023年の統一地方選で、女性が半数となった議会のひとつ、杉並区を見てみる。

第3章で詳述するが、杉並区の変化は、2021年の衆院選の時から起きていた。杉並区の大半は東京8区で、長らく自民党の石原伸晃《のぶてる》氏の牙城だった。ただ、2021年の選挙の時に、れいわ新選組の山本太郎氏がいったんここから出馬の意向を見せたことで俄然《がぜん》注目を集めた。山本氏は結局、東京8区からの出馬は見送り、共産党も候補者を出さなかった。立憲民主党が擁立した新人の女性、吉田晴美氏が石原氏を下し、比例復活も許さなかったのである。

この時の東京8区の投票率を見てみると、61・03%。全国平均の55・93%と比べて5ポイント以上も高い。その前の2017年の衆院選では、全国平均53・68%に対して55・42%であり、上回ってはいるものの、それほどの差ではない。

年代別投票率は杉並区全体のデータとなるので、必ずしも東京8区と同じではない（たとえば、投票率も杉並区で見ると、2017年の衆院選は55・26%で、2021年の衆院選は60・86%であり、少しずつ違っている）が、その前提で見てみよう。

目を引くのが若い世代、特に女性の投票率の上昇である。2017年では10代の男性の投票率が49・3％、女性が47・28％だったのに対し、2021年は男性が56・04％、女性が58・03％。同様に2017年の20代男性は34・02％で女性が34・26％なのに対し、2021年は男性が39・86％で女性が44・85％。30代は2017年の男性が44・11％、女性が46・45％なのに対し、2021年は男性が51・62％で女性が56・22％である。10代から30代の女性は、2017年から2021年では10ポイントほど投票率が上昇しているのである。

さらに、2022年には、区長選挙で新人女性が男性の現職を破った。この時の投票率は37・52％で、その前の2018年の32・02％よりも5ポイントあまり高い。ここでも女性の投票率上昇が見られる。2018年と2022年で比べた時、女性の投票率は10代で27・77％から34・25％、20代で14・92％から21・69％、30代で25・01％から33・18％、40代で32・7％から39・61％と6ポイント以上上昇している。

そして、女性当選者が半数を占めた2023年の杉並区議選である。2019年の区議選の投票率39・47％に対して43・66％と4ポイントあまり上昇。20代と30代でそれぞれ5ポイント、7ポイント以上高くなっている。なかでも20代と30代の女性の投票率が、

7・04ポイント、8・64ポイント上昇しているのが目を引く。

つまり、これまでと違う結果が出た選挙では、若い人や女性が多く投票に行っていたのである。

もっとも、いつもあてはまるわけではない。白井市議会の次に女性比率が高くなった宝塚市議会では、投票率に顕著な変化が見られるわけではない。しかし、若い人や女性が動けば結果が変わることが多い、ということは言えそうだ。

若い人や女性が投票に行けば結果は変わる。地方議員の場合は当選に必要な票数も国政に比べて少ないからなおさらだ。投票に行っても何も変わらない、行くのは無意味だと無力感にとりつかれ、あきらめるのはまだ早い。

第2章　女性議員が増えると政治の何が変わるのか

増えることそのものが大事だが……

なぜ女性の政治家が増えるべきなのか。シンプルに考えて、さまざまな属性の人々が集まって政策を作ったほうが、光の当たる分野が偏らないであろうし、考え方も多様になって、なあなあに陥らない。緊張感のある政治となり、政策議論も活発になるはずだ。

衆院議員のことを「代議士」という。英語で衆議院とは「House of Representatives」。まさに、有権者を代表する人々、という意味である。女性を「代表」する人々が今の日本には少なすぎるのである。

カリフォルニア大学バークレー校名誉教授の政治学者ハンナ・ピトキンは、「代表」という概念について研究した。

ピトキンの用いた「描写的代表」とは、議員は代表される者の鏡のような存在で、有権者を映し出し、有権者の属性と対応するものを兼ね備えていると説明した。

一方、「実質的代表」という概念も用いた。これは属性にかかわらず有権者のために行動する議員であり、たとえば男性であっても女性に光を当てた政策を実現しようと動く人たちのことである。

これまでの日本の政治において、女性の描写的代表が少なかったというのは、誰も否定できないであろう。もちろん、女性の描写的代表である女性の政治家であっても、必ずしも女性の実質的代表であるとは限らない。さまざまな女性がいる。しかし、一般的に言えば、女性のことをより理解できるのは男性よりも女性であろう。以下、例外があるのは承知のうえで、という前提で話を進める。

ハーバード大学名誉教授の政治学者、ジェーン・マンスブリッジは描写的代表について経験を共有していることもカギだと考察している。女性政治家のほうが、女性の政策課題について経験を共有していることは多いだろうし、また共有しないまでも想像しやすいであろう。

また、ロンドン政治経済学院名誉教授の政治学者、アン・フィリップスは「存在の政治」という概念を提示した。それはこれまで政治から排除されてきた人々を、より直接に政治的議論や決定に関わらせることである。女性はこれまで政治から排除されており、そういう人たちこそが政治家になることで、政治から排除されてきた課題が取り上げられるようになるのである。

実際、少数である女性の政治家が、それまで焦点を当てられなかった女性関連の政策を動かし、実現させた例は多い。

古くは1956年に成立した売春防止法である。連合国軍の占領下にあった1948年、総司令部の意向により政府提案で売春等処罰法案として国会に提出されたが、「売春婦と業者の生活保障ができない」という理由で廃案になった。そこで終わらず、1953年の国会で女性議員たちが超党派で連携し、法務大臣に「次の国会には法案を提出する」という言質を取った。その後も行ったり来たりしながらも、神近市子《かみちかいちこ》衆院議員や市川房枝参院議員らの尽力で1956年に成立する。当時、衆院の女性議員の比率は一桁台の前半であり、それは以降40年以上にわたって続く。

時代は下り、1997年の労働基準法の改正（1999年施行）では、女性の残業・深夜労働などを制限した女子保護規定が撤廃されることになった。この時は与野党の超党派の女性議員たちが、女性の時間外労働を少なくするために法的措置を取ることや、女性の労働条件の激変緩和措置を取ることを求め、当時の橋本龍太郎首相に申し入れた。1996

年の衆院選では、女性議員の比率が１９４７年の衆院選以降で初めて４％を超えて４・６％となった。１９９８年の参院選では女性議員の比率が15％を超えており、このあたりから女性に目配りをした女性議員による政策が出てくるようになる。

１９９９年には18歳未満の少女との援助交際や児童ポルノを規制する「児童買春・ポルノ禁止法」が成立。自民党の森山眞弓、野田聖子両衆院議員をはじめとする超党派の女性議員が中心となって成立にこぎつけた。２００１年のドメスティック・バイオレンス防止法も超党派の女性議員が推進した。内閣府の男女共同参画局は立法に必ずしも積極的でなく、法務省の抵抗も強かったというが、議員立法で法案を成立させた。

性犯罪の厳罰化も、女性がリーダーに就任したことで政策に光が当たり、改革が一気に進んだ例である。日本の性犯罪に対する刑罰は軽く、国内外から批判が強かった。２０１４年9月に当時の安倍晋三内閣で松島みどり氏が法相に就任すると、就任の記者会見で「日本の刑法では強姦《ごうかん》致死の最低刑は懲役5年だが、強盗致死の場合は無期または死刑と決まっている。これはおかしい」と問題提起し、省内で議論をする仕組みを作ると表明した。そこから議論が始まったのである。

松島氏は選挙区で「うちわ」を配ったことが公職選挙法違反にあたるのではないかとの追及を受け、就任からわずか1か月半で辞任したが、辞任後の10月末に、性犯罪の厳罰化を検討する有識者会議が法務省内で始まった。そして、2017年に刑法が改正された。性犯罪の規定の抜本改正は、1907年の刑法制定以来、100年以上たって初めてのことだった。報道によれば、松島氏は「女性の政治家であることをふだんはそれほど意識しないが、性犯罪の法律についてはおかしいと思ってきた」と語っている。大臣という責任ある立場についたことで、短期間でも改革への道筋を作り、成果を出せた好例といえるだろう。

昨今、「女性の視点」という言葉が物議をかもしている。筆者もその言葉に居心地の悪さや反感を覚えたことは何度もある。しかし圧倒的に男性の多い政治の世界においては、やはりまだ「女性の視点」が必要だし、重要なのだと感じる。

「未婚の寡婦控除」とは何か

ここでは、さらに女性政治家の数が増えたことで政策がこんなふうに変わる、実現するという例として、最近の2つの事例について取り上げたい。

ひとつは2019年に実現した未婚の寡婦への税控除、すなわち「未婚の寡婦控除」であり、もうひとつは「生理政策」である。

「寡婦」とは古めかしい言い方であるが、夫と離婚または死別した後に再婚せず、独身のままでいる女性を指す。「寡婦控除」は、1951年にできた。当時たくさん存在していた、夫が戦争で死亡して後に残された女性たちを支援するために、所得税と住民税を軽減する制度である。1981年には男性の「寡夫」も対象になった。

しかし、この対象からもれていた人たちがいた。それが結婚をせず子どもを産んでひとり親となった「未婚の寡婦」であった。

一般的にひとり親家庭は家計に困難を抱えていることが多いが、特に未婚のひとり親、とりわけ未婚のシングルマザーの家庭は家計が苦しい。厚労省の全国ひとり親世帯等調査(平成28年度)によれば、母子世帯の平均年間就労収入は200万円だが、死別母子世帯は186万円、離別母子世帯は205万円であるのに対し、未婚の母子世帯は177万円と一番低かった。最も生活が苦しい未婚のシングルマザーに寡婦控除が適用されていないのは、矛盾しているように思える。人権の観点からしても、未婚の母を差別することになっているのではないだろうか。

制度ができた当時は、「未婚の寡婦」という存在を全く想定していなかったのだ。1970年代や80年代に当時の社会党の女性議員らが取り上げて国会で質問されたことはあったものの、政府は全く制度を改正しようとはしなかった。

当事者たちは2009年に日本弁護士連合会に「未婚のシングルマザーに寡婦控除が適用されないのは人権侵害だ」として、人権救済申し立てを行った。申し立てを行った女性たちはシングルマザーの当事者たちが中心になって作るNPO「しんぐるまざあず・ふぉーらむ」に所属していた。このNPOが、政治へも働きかけを始める。

税制改正は、与党自民党の力が非常に強く、その動向に左右される。自民党税制調査会（税調）は毎年12月に議論を行う。そこでまとまったものが公明党との調整を経て「与党税制改正大綱」として大筋の結論となる。

初めて未婚のひとり親世帯への適用を検討したのが2014年度の税制改正大綱だ。「寡婦控除については、家族のあり方にも関わる事柄であることや他の控除との関係にも留意しつつ、制度の趣旨も踏まえながら、所得税の諸控除のあり方の議論の中で検討を行う」と記された。

「家族のあり方」とは、自民党の中に根強い「伝統的家族観」であろう。自民党内には「未婚の出産を助長する」として未婚の寡婦控除に反対する声もあったという。この「伝統的家族観」への大きな動きがあったのは2017年だった。

自民党の税調の中でも、特にインナーと呼ばれる最高幹部たちは非常に大きな決定権を持つが、インナーのメンバーだった塩崎恭久《やすひさ》衆院議員の発案で、同年末に出された「平成30年度税制改正大綱」に「子どもの貧困に対応するため、婚姻によらないで生まれた子を持つひとり親に対する税制上の対応について（中略）、平成31年度の税制改正において検討し、結論を得る」という一文が入った。塩崎氏はこの問題を前に進めるため、家族観から切り離し、子どもの貧困問題に焦点を変えたのだった。このように、女性政策に関して意見が対立した時に、焦点を子どもに変えるのは他の政策でも見られることだ。

塩崎氏は、翌2018年の税調インナーの会合でも未婚の寡婦控除の実現を主張した。賛成する議員もいたが、控除のために事実婚をするカップルが増えると「事実婚を奨励することになる」と野田毅《たけし》衆院議員が反論し、財務省の事務方も同調して未婚の寡婦控除が認められることはなかった。代わりに、妥協策として所得税には踏み込まず、住民税を軽減してさらに1万7500円の手当を支給することで決着した。

しかし、これは運動を進めてきた当事者たちからすれば「惨敗」と言うべきものだった。

2019年に「未婚の寡婦控除」が実現するまで

さて、そのように動かなかった未婚の寡婦控除だが、2019年末に実現が決まった。なぜ実現したか。一言で言えば自民党に女性議員が増えたことによるものだ。経過を追ってみよう。

実現にあたり、きっかけとなったひとりの女性衆院議員がいる。木村弥生《やよい》氏だ（木村氏は2021年の衆院選落選後、2023年に江東区長に当選したが、選挙期間中に有料広告をSNSに出した公職選挙法違反の責任を取り、辞職した）。2014年に初当選し、当時は2期目だった。父親は元衆院議員の木村勉《べん》氏だ。政治家の子女ではあるものの、地盤も継いでおらず、いわゆる二世議員とは違うと言えよう。ただ、父が都議から衆院議員となり、活動していた当時、人手が足りなかったせいもあって秘書をしていたことがあり、政治の世界は身近だった。

木村氏は女子大学を出て就職せずに結婚、出産して専業主婦をしていた。政治家をしている父を支えるために母はいつも多忙で留守がちだったため、「家で待っているお母さんになりたかった」からだ。30代になり、自民党の都議を務めていた父が衆院議員の補選で当選した。予想外のことで、急に人手が必要になったため秘書となる。その後、手に職をつけようと大学に入り直し、看護師に。この間、離婚を経験した。

看護師として現場で働いた後、恩師に誘われて日本看護協会に転ずる。日本看護協会は、看護師や保健師、助産師らの職能団体で、研修や調査、政策提言などをしている。看護協会の理念や政策を実現するための政治組織が日本看護連盟であり、国政や地方政治に代表を送り出している。自民党を支持しており、参議院の比例区には看護連盟の組織内候補が毎回必ず出馬している。衆院選に出馬することもある。たとえば、2024年の衆院選で岡山3区から離れ、比例単独選出となった阿部俊子氏は看護師出身で、日本看護連盟の組織内議員である。2005年の郵政総選挙では、造反組の平沼赳夫《たけお》氏の「刺客」として立候補した。比例復活を含め、今に至るまで当選を重ねている。

木村氏は、2014年、衆院選で比例北関東ブロックの自民党の比例単独候補となった。当時、安倍首相の人気は高く、大量の候補を擁立する必要があったためである。政治家になりたいという強い意志があったわけでもなく、半ばふってわいたような話だった。自民党は大勝し、木村氏も当選することができた。当初は所属する選挙区がなかったため、地元回りに忙しい周囲の議員たちとは違って、自分の関心のある政策の勉強や現場視察を思う存分にできた。

雑誌で子ども食堂の記事を読んで心を動かされ、その舞台だった東京都豊島区・池袋近くの「あさやけ子ども食堂」に出かけてみた。「初めて自民党の議員が来た」と驚かれたが、そこで利用者にはひとり親家庭の子どもたちが多いと知った。ちょうど近くシングルマザーの集会があると聞いて、そこにも出かけて行った。壇上では延々と安倍政権や自民党の悪口が続き、「アウェー感がはんぱなく、いたたまれない」と感じた木村氏だったが、「なぜ一緒に変えようとしないのだろう」とも感じた。

木村氏がその会場で知り合ったのが、NPO「しんぐるまざあず・ふぉーらむ」の理事長、赤石千衣子《あかいしちえこ》さんだった。赤石さんから「こんな要望をしている」と相談を受けた。それが未婚の寡婦控除だった。実現すべきだと思ったが、その時点で2018年の12月。すでに税調の議論は佳境を過ぎていた。「今年はもう遅すぎる。来年に向けて取り組もう」とふたりは話し合った。

この、現場をよく知り、制度の不備を知るNPOと、制度を作る当事者である国会議員が認識を共有したのが、制度実現に向けて決定的に大事な瞬間だった。それまで赤石さんらが自民党の国会議員に働きかけをしたことはもちろんあった。しかし後述するように、木村氏ほど献身的にNPOと共に政策を実現すべく立ち働いてくれた議員はいなかった。木村氏自身が離婚を経験して、子どももいたため、よりこの問題に関心を寄せたということも理由のひとつであろう。まさに「経験の共有」である。

議員がNPOにアドバイス

さて2019年になって、木村氏は自民党の先輩女性議員である稲田朋美氏にこの話をしてみた。稲田氏は2017年に自衛隊の日報隠しの責任を取る形で防衛相を辞任し、この時は党の筆頭副幹事長を務めていた。木村氏は赤石さんを稲田氏に引き合わせた。未婚の寡婦控除の問題について熱く語る赤石さんに、稲田氏は「やりましょう」と約束した。稲田氏は自他共に認める「保守」の議員である。「伝統的家族観」の持ち主ではなかったのか。稲田氏は、自身の心情が変わったのは防衛相の辞任後からだったという。

「差別とか公平じゃないことに対して怒りを感じるようになって。伝統的家族を守るために、そこからはみ出した人を差別するのはおかしい」

稲田氏がそう筆者に語った時、稲田氏の頬を涙が伝っていた。

2019年12月の税調での議論に向け、木村氏と赤石さんは戦略的に動き始めた。市民活動団体は、木村氏が訪ねた子ども食堂やシングルマザーの集会で経験したように、自民党と付き合いがなかったり、自民党に批判的だったりすることが多い。しかし、未婚の寡婦控除を実現させるためには、与党である自民党の議員たちを納得させ、制度を変えようと思わせ、そして実現してもらわねばならない。

木村氏は、赤石さんに「仲間の団体と共に全国団体を作ったほうがいい」とアドバイスした。木村氏は秘書出身であり、日本看護協会に勤めていた。看護協会の政治組織である日本看護連盟は全国に支部がある。その地方支部がやっているように、地方から地元選出の議員に要請をする。そうすれば、各地の議員が、そこに「政策の必要性」、つまり政策のマーケットがあることを知る。そういう議員たちが集まって、多数になっていけばいい——。そこで赤石さんは7月、「シングルマザーサポート団体全国協議会」を結成した。

夏が過ぎて、12月が近づくと、木村氏は赤石さんに、国会内で議員に直接要望を訴える「院内集会」を開くようにアドバイスした。赤石さんが集会告知のチラシを作ってくると「これじゃあ何が言いたいのかわからない。テーマは1つに絞る。それから全国の加盟団体の一覧を載せたほうがいい。そうすれば議員は自分の地元にも関係があるとわかる」と、さらに事細かに助言をした。

赤石さんがチラシを作り直してくると、木村氏は「これを一緒に配って」と1枚の紙を手渡した。そこには「国会議員の皆さま」と題して、「子どもの貧困問題に心を痛めておられますすべての先生方に、院内集会へのご出席をいただきたく、僭越《せんえつ》と存じつつ、ご案内申し上げげます」などと手書きで書かれ、最後に木村氏の名前と写真が載っていた。市民活動団体がチラシを議員事務所に配っても、議員に渡る前にゴミ箱行き、ということもよくある。少しでも議員たちの目にふれるように、という木村氏の配慮だった。11月の院内集会には、野田聖子元総務相はじめ与野党の議員が26人、集まった。

木村氏は赤石さんを山谷《やまたに》えり子参院議員に引き合わせることもした。党内保守派の代表格で、「伝統的家族観」の持ち主だと思われたからだ。反対されないように、という配慮からだった。

席取りをして存在感を示す

12月初めの税調の「ヒラバ」――議員が誰でも出席できて意見を言える会合では、稲田氏や木村氏らが申し合わせて女性議員が10人ほど出席することにした。

しかし、木村氏はそこで意見を言えないことになっていた。当時、総務大臣政務官だったからである。政府の役職についている議員は税調で意見を言えないという暗黙のルールがあった。もちろん木村氏も承知していたが、秘書官からわざわざ「政務官、お立場をわきまえられますよう」と釘《くぎ》を刺された。財務省の主税局からも総務省に話がいっているようだった。主税局からすると、控除を実現するということは税収がそれだけ減るということとだから、前向きではなかった。

木村氏は意見を言えないならば何かできることはないか、と考えた。せっかく女性議員が多く出るのだから、まとまって座ったほうが目立つ、と会議室を事前に訪れて名刺やハンカチなどを置き、「場所取り」をした。秘書経験もあり、そういう気働きは得意だった。そうやって固まって座った女性議員たちが、会議が始まると「はい、はい」と次々に手を挙げて未婚の寡婦控除を実現すべきだという主張をした。男性議員ばかりの会議室で、その一群は異彩を放っていた。

木村氏がここまであれこれと世話を焼いたのは、もちろん彼女のパーソナリティによるところだろう。しかし、やはり彼女が女性であるからということも相当大きいのではないだろうか。シングルマザーの置かれた境遇により共感し、何とかしたい、制度を実現させて少しでも苦境を救いたいと思うのは、より立場の近い女性だからではなかったか。彼女も離婚を経験し、子どももいた。だからこそ、稲田氏をはじめ他の女性議員たちもそれに賛同したのであろう。

会議室の「ひな壇」に座る税調の幹部の男性からは、「税は感情ではない」とも言われた。そのセリフを聞き、稲田氏は「女性議員が発言すると、『感情的』『ヒステリー』と決めつけられる」と感じた。まだまだ女性議員の少ない国会を象徴するようなものだ、と。むらむらと怒りがわき、余計に闘志がわいてきたという。

その後、「感情」発言をした議員たちにアポを取り、直接要請しようとした。だがなかなかアポが取れない。そこで、稲田氏たちは税調幹部の会合が開かれる時間と場所を割り出して待ち伏せ、「直撃」して要望書を手渡した。

ある大物議員が稲田氏に「あなたも上をめざすなら、もう少し『癒やし系』にならないと」と言った。そういう時には、にっこり笑って「ありがとうございます」と答えた。心の中で、「癒やし系になんかなるもんか」と思っていた。これが男性議員だったら、「癒やし系発言」はあっただろうか。

稲田氏たちは賛同議員の署名も集め、最終的に未婚の寡婦控除が実現した。法律では今後、「寡婦」という女性を指す言葉ではなく「ひとり親」という表現を使うことになった。これも、稲田氏たちがこだわった点だった。対象は女性だけではなく男性も。ならばそれにふさわしい言葉を使うべきだ、と。

税に関する政策は税調幹部、あるいは時の最高権力者だった安倍首相が納得しなければ通らない。稲田氏が安倍首相に近かったということも大きいかもしれない。けれどもこんなふうに党内社会運動のようにして声をあげ、それがうねりになったのは、やはり女性議員の数がまだまだ少ないとはいえ、ある程度増えてきたからだろう。そして女性議員が増えれば、その中でリーダーや、あるいはＮＰＯと付き合う人も出てくる。いろいろなタイプ、いろいろな役割の女性がいてこそ、つまり女性議員の中でも多様性が進んでこそ活動は広がる。

未婚の寡婦控除はこのような構造のもとに実現に至った。

動き出した「生理政策」

女性には身近な「生理」。月経などとも言うが、生理まわりの政策が近年急速に進み始めたのは、その位相に差はあれど、世界各国共通の現象だ。

アメリカでは、生理用品は生活必需品と見なされず、消費税の課税対象になっている州が多かった。これに対して女性や若者たちを中心に、生理用品への課税、いわゆる「タンポンタックス」をやめるように声をあげる動きが２０１５年頃から広がった。今ではカリフォルニア州など複数の州で税率の引き下げや廃止がなされており、学校での無償配布が始まっている州もある（カリフォルニアの例については第5章で詳述する）。また、２０２０年にイギリスのスコットランドは、必要とするすべての人に生理用品の無償配布を決めた。

先進国以外でも、インドネシアやインドでＮＰＯや起業家が手作りの生理用品を配布したり売ったりしながら女性の自立と正しい生理についての知識を広める動きが始まっているし、アフリカ諸国でも各国のＮＧＯやＮＰＯが生理用品の配布や教育を行っている。たとえばプラン・インターナショナルはウガンダの南スーダン難民キャンプで、布ナプキンや石鹸といった生理用品キットを配布している。

ただ、日本では生理の話がタブーとされる風潮が強い。たとえばコンビニやスーパーでも生理用品を買うと紙袋に入れてくれる。そのような社会で、生理について問題設定されるのは難しいと思えた。実際、アーティストのスプツニ子！さんが男性が生理を疑似体験する動画「生理マシーン、タカシの場合。」を発表したのは２０１０年。世の課題を敏感にかぎ取り、先取りして話題になったが、その後も日本社会で議論はあまり深まってこなかった。

ところが、日本で生理の政策が動いたのである。

火をつけたのは若い世代だった。大学生らで作る団体「#みんなの生理」が2019年、生理用品の軽減税率対象化を求めて署名活動を起こした。そしてコロナ禍の2021年2月から5月にかけて生理用品にまつわるアンケートをした結果、約20%が過去1年以内に「金銭的理由で生理用品の入手に苦労したことがある」と答えた。

その声を受けて、政治家も動いた。2021年3月の参議院予算委員会で公明党の佐々木さやか議員や立憲民主党の蓮舫《れんほう》議員がこの問題を質問したのだ。対策を迫った蓮舫議員に、菅義偉首相は「(対応に当たるNPOの)活動を少しでも後押しできればいい」と答えた。そしてコロナ禍の女性支援の交付金の使途の中に生理用品の無料配布が含まれることになった。内閣府の男女共同参画局の林伴子《ともこ》局長の動きも速かった。生理担当の課長を任命し、対応に当たったのだ。このように、政治家や官僚、権力側に女性が増えれば、若い世代の問題提起をきちんと受け止め、政策として具現化していくことができる。男性ばかりだったらこうはスムーズにいかなかったであろう。

なぜか。まず、問題が生理ということで、女性は当事者であり、より問題の切実さや深刻さを実感することができる。そして生理のような問題は従来の政治や政策形成では全く焦点が当たらなかった。マイナーであり、周縁であった。女性自身もそうである。政治の主流、メインストリームからはずっと外れていた。政治の世界の少数派であり、政策形成の主役ではなかった。若者も同様である。その意味で、女性と若者と、生理のようなこれまで「マイナー」だった問題は親和性があるのだ。それゆえ、こういった周縁化されてきた問題を若者が提起した時に、女性のほうが共感を寄せられるし、解決に向けて動こうとするのではないだろうか。

前段として、企業が一足早く動いていたのも環境を整えた要因として特筆すべきであろう。

生理用品メーカーとして最大手のユニ・チャームはナプキン・タンポンブランドの「ソフィ」を擁する。そのブランドマネージャーだった長井千香子さんは2019年、「#NoBagForMe」というキャンペーンを仕掛けた。社会の生理に対するタブーを減らすため、生理用品を買う時に包んでくれる紙袋を「いらない」と言う選択肢を後押ししようと着想されたものだ。長井さんらは男性にも生理のことを知ってもらおうと、さまざまな企業に向けて生理教育を始め、タブーをなくしていくための取り組みを継続的に行った。

「今まで生理はなかったことにされていた。黙って我慢するのではなくて、もっと快適になるよう声をあげられる社会になるといいと思います」

このように企業でも女性が意思決定層に育つことで、これまであった社会のゆがみ、当たり前として見過ごされてきたことが可視化され、問題として顕在化して取り上げられ、解決に向かうようになってきたのである。

「政治は夜決まる」のか

さて、政治家とは仲間を増やして力を増し、自分のやりたいことを政策として実現していく人たちである。そのためには食事を伴う会合をするのも当然の流れである。だが、それが度を越すとどうか。女性が同席するような店には女性政治家は一般的に行きづらいであろうし、子育てをしている場合は、夜の会合が続くと両立に支障をきたす。そもそも、男性政治家が固まって夜の会合をすること自体、（子育てとの両立云々《うんぬん》以前に）行きづらい、入りづらいと感じる女性政治家たちもいる。

政治家の会合は夜、高級料亭やレストランでするもの。政治は夜決まるもの。そういう固定観念に政治家だけでなく、私たちも縛られていないだろうか。別に夜の高価な場所でなくても、話をする場所や機会はある。昼間の議員会館の会議室、ランチ会、夜の議員宿舎の食堂……。もちろん、時には豪華な場所で行うのもいい。そうしたしつらえがふさわしい、あるいは必要な時もあるだろう。政治とは儀礼であり、儀式である一面もある。

でも毎回そうでなくても構わないのではないか。今までそうだったから、なんとなく、そういうものだと思っているから、メンツ、プライド……、そういったもので思考停止に陥っていないだろうか。

問題は、今までのやり方だと、参加しづらい人がいること。多様な意見や見方を反映できないこと。そしてその「多様さ」こそが、政治を一般の人たちにより近づけて、生活実感にふさわしい政策を実現することのカギだと思える。これまで周縁化されてきて生きづらさを感じてきた人たちを可視化し、社会の一員と位置づけて政策の対象としてとらえ直し、彼らの抱える課題を解決するには、政治の「多様さ」が不可欠である。毎度おなじみの高級料亭や高級レストランばかりで、いつも夜行われる会合は、毎度おなじみの固定客ばかりを相手にしている政治、彼らの望む政治の実現のためのもの、と言ったら言い過ぎだろうか。

2022年の冬、派閥のパーティー券の売り上げが政治家に環流し、裏金として処理されていたことが表面化した。こういった場所での会合も裏金の使い道には含まれているかもしれない。思考停止がこのようなことに結びついた面もあるのではないか。なぜそこでの会合が必要なのか、そこが本当にふさわしいのか、考えるべき時であろう。

放置されていたものが可視化

これまで男性が占めてきた世界で当たり前として普通に行われてきたことが、女性という異分子が投げ込まれたことで可視化されて問題として浮上することがある。

「はじめに」でもふれたが、2023年の統一地方選で、世田谷区議会で30歳の女性、小野瑞季《みずき》氏が当選した。小野氏はSNSを駆使して支援を呼びかけ、同世代の女性たちが選挙応援に集まった。東京都内に住む大島碧生《あおい》さんもそのひとりで、選挙の際は大学生だった。大島さんは統一地方選を前に立ち上がった、30代以下の女性、ノンバイナリー、Xジェンダー議員を増やすことをめざす「FIFTYS PROJECT」に参加。同プロジェクトが支援する候補者たちの事務所を回り、応援した。小野氏はその候補者のひとりだったのだ。

小野氏は、50人の定員中、10位で当選した。

しかし、それでめでたしめでたし、終わり、ではない。区議としての活動こそが本番、というわけで大島さんは小野氏の区議会での初質問を傍聴しに出かけた。他の区議会も傍聴したことがあり、これが2回目の経験だった。

小野氏の質問が始まると、おしゃべりを始めた男性議員たちがいた。「ヤジではないけれど、大きな声でおしゃべりして。前に座っている議員が、後ろを振り向いて話をしていて」、調べると自民党の男性議員たちだった。証拠として映像を残したかったが、世田谷区議会は撮影禁止のためにできなかった。大島さんは、「新人議員の初めての質問で、そういうことをするのはいじめに近いハラスメント、威圧的な行動だ」と思った。

大島さんが「note」にその時の経験や感想、おしゃべりした議員たちの名を書き込むと、それを読んだ30代の清藤《せいとう》千秋さんが立ち上がった。清藤さんは小野氏の選挙を応援した仲間のひとりだ。世田谷区民でもある。

「そんなふうにされたら、自分の発言に価値がないと思ってしまう。当たり前だと思って我慢してしまうのでは。それはおかしい、と市民の立場から言わないと何も変わらない」

清藤さんは仲間と連携し、まずは世田谷区議会議員全員に、「議員同士のハラスメントについて実際に経験ないし目撃したことがあるか」という匿名のアンケートを行った。50人の議員のうち、11人が回答した。

「議会質問を邪魔するような恫喝《どうかつ》のヤジを飛ばす」(女性議員)、「女性だから個別に誘われる、女性だから会合に誘われないというのを実際に目にした」(男性議員)、「ベテラン議員に、すれ違うたびに『愛してるよ』と言われたり、お尻を触られたりした。20年以上前は『冗談』で済まされていたように思う」(女性議員)などの回答があった。

世田谷区には、「世田谷区議会議員による職員に対するハラスメントに関する条例」があり、議員から職員へのハラスメントの防止がうたわれている。

そこで清藤さんたちは、この条例に議会において議員間で行われるハラスメント、及び有権者から議員や立候補者に対して行われるハラスメントの根絶及び防止を盛り込むことを区議会に陳情することにした。陳情と共に提出しようと、オンラインとリアルで署名も集めた。リアルで集めた署名422筆は、世田谷区議会に提出した。

区議会の議会運営委員会で直接説明し、審査が行われた。結果は「継続審議」。不採択にはならなかったものの、事実上の棚上げだ。ただ、条例の改正には至らなかったが、趣旨説明では多くの議員から質問もあり、清藤さんたちは手応えを感じたという。

また、いきなり条例改正に挑戦するのではなくて、定期的なハラスメント研修や、ハラスメントについて区民との意見交換の場を設けるなどのアプローチもあるかもしれない、と気づいた。

清藤さんたちはこれで終わらせるつもりはない。異分子が入り込んだことでいったん可視化されて課題となったものは、その後も課題であり続けるのだ。

第3章　今、杉並区で起きていること

始まりは2021年の衆院選だった

東京都杉並区。東京都23区の西部に位置し、人口は約57万2000人だ（2024年2月現在）。高円寺や阿佐ケ谷などを通るJR中央線と、浜田山などを通る京王井の頭線などの鉄道が走り、都心部に30分ほどで行けてほどよく近く、かつ緑も多く住みよい区として人気がある。

その杉並区がこのところ、政治的に大きく動き続けている。裏金疑惑とその対応など、国政では落胆させられることばかりが続くが、杉並区の政治状況を見ていると、未来へのポジティブな変化を感じさせる。そのキーワードは「女性」である。

始まりは2021年10月の衆院選だった。当時、杉並区は方南《ほうなん》1、2丁目を除いて東京8区であり、自民党の石原伸晃氏が1990年から当選10回（旧東京4区時代も含む）を重ねて、無敵と言っていい強さを誇っていた。

異変が起きたのは2021年だ。

第1章でもふれた通り、その年の衆院選では、立憲民主党と共産党で候補者を一本化する動きが進んでいたところに、れいわ新選組の山本太郎氏がいったん立候補を表明して注目を集めた。結局撤回し、共産党も候補を出さず、立憲民主党の新人、吉田晴美氏が野党統一候補となった。日本維新の会からも笠谷《かさたに》圭司氏が出馬したものの、吉田氏が当選を果たす。石原氏と笠谷氏の比例復活も許さなかった。石原氏は石原慎太郎氏の長男で、閣僚経験も豊富な有名政治家である。その石原氏がついに落選したのだった。

この衆院選では全体的には立憲民主党は苦戦をしており、その中での吉田氏の勝利は特筆すべきものだった。しかも第1章で詳述したように、興味深いのは投票率の伸びである。

2017年の衆院選で、全国平均の投票率は53・68％であり、東京8区の投票率は55・42％。平均よりは高いものの、それほど差があったわけではない。ところが、2021年は全国平均55・93％に対し、東京8区は61・03％と5ポイント以上も高いのである。しかも男性が60・87％に対し、女性は61・18％と女性のほうが若干高い。2017年は男性55・83％に対して女性は55・06％と男性のほうが高かった。

つまり、女性の伸び率のほうが高いのである。実際、吉田氏の陣営で活動していた人によれば、選挙戦中、「がんばって」「もう不在者投票で吉田さんに入れてきたから」などと、女性からの手応えが非常に良かったという。

その熱がおさまらずに、翌2022年6月の区長選へと受け継がれた。

杉並区長は、もともと民主党の都議だった田中良氏が2010年に民主党などの推薦を受けて当選した。しかし、2018年の3選目の時には自民党の石原伸晃衆院議員の支持を受けた。逆に、2021年の衆院選では田中氏が石原氏の応援をした。

駅前再開発や道路計画、児童館の廃止などで国政の野党系や区民からの批判も起きており、そういった区民らによって、2022年の1月に「住民思いの杉並区長をつくる会」（以下、「住民思いの会」）が結成された。しかしこの時点ではまだ候補者のめどは立っていなかった。これはと思う人に打診を続けていたものの、誰ひとりとして引き受けてくれなかったのである。

杉並区は、市民活動のさかんな地域である。

古くは、1954年のアメリカによるビキニ環礁での水爆実験で第五福竜丸が被曝《ひばく》したことから始まった原水爆禁止署名運動がある。区議会や鮮魚店の組合に加え、公民館を拠点に女性たちが署名を集め始めた。「水爆禁止署名運動杉並協議会」が全国に先駆けて結成され、その活動は全国に広がっていった。その後も、消費者運動や護憲運動などさまざまな市民活動があった。そのような運動に長年携わってきた人、とりわけ女性たちが田中区政によって日々の生活が脅かされると考え、新しい区長をかつぎ出すべく動いていたのである。

一方で、「住民思いの会」には若い世代も参加していた。これが今回の特徴と言っていいだろう。たとえば、寺田陽香《はるか》氏は1987年生まれ。パンクバンドの活動に熱中して大学を中退。バイト生活をしながらバンド活動を続けていたが、東日本大震災の原発事故をきっかけに反原発デモに参加するようになった。それまでは選挙で投票するだけだったが、ここから政治に本格的に関心を持ち始める。政治を変えたいと2016年の参院選から野党系の選挙も手伝うようになった。

「投票以外にもできることがあるんだ。普段はしない政治の話、社会がこうなったらいいという話ができるし、選挙っておもしろい」

2021年の衆院選は、東京8区で、立憲民主党の吉田晴美候補の市民選対として深く関わった。区長選では「住民思いの会」の立ち上げメンバーでもあった。

ヨーロッパからやってきた候補者

しかし、「住民思いの会」は結成されたものの、2022年3月になっても候補が決まらなかった。

そんな3月下旬、「住民思いの会」の一員で、NGOで活動していた内田聖子さんが、古くからの友人であるベルギー在住の岸本聡子氏と、たまたまオンラインで話していた。岸本氏は1974年生まれ。日本で大学を卒業した後に、環境NGOに参加する。2001年に長男を出産後、パートナーの出身国であるオランダへ移住し、国際政策シンクタンクのNGOに勤務。2008年からはベルギーに拠点を移していた。

岸本氏自身も、ちょうどこれからの自身のキャリアについて悩んでいた。将来的には日本に戻って活動したいと考えており、日本語での発信を2018年から始め、長年の調査研究をまとめた書籍『水道、再び公営化！　欧州・水の闘いから日本が学ぶこと』（集英社新書、2020年）なども発表していた。地方自治体で政治家になることも選択肢のひとつだった。

そんなことを内田さんとオンラインで話していた時のことだ。内田さんが岸本さんに、候補者が決まっていない杉並区長選に立候補してはどうかと提案した。

「岸本さんはＮＧＯで公共再生の研究や仕事、欧州各地の自治体首長との交流もあり、新しい政治作りをどうやっていくかを調べていた。だからぴったりだと思えたんです」

ちょうど４月初めに日本に一時帰国する予定があった。

帰国した岸本氏は「住民思いの会」のメンバーと会う。

「自分は、杉並出身でもない。住んでもいない。しかし、地方自治には非常に関心がある。自分の名前、聡子の聡という字は、『公の心』に『耳』を傾ける、と書く。それが自分の役割、使命だと思っている」

そんな話をした。

同時に、住民が推したい候補者を政策的に支援したいとも申し出たが、他には見つからず、結果として岸本氏が立候補することになった。しかし、すべてがすんなりいったわけではない。衝突もあった。

まずは政策をめぐり、悶着《もんちゃく》があった。

児童館の廃止取りやめや道路計画の見直しを公約に盛り込むことを求める「住民思いの会」のメンバーと岸本氏の政策作りは、何度も議論が必要だった。区長選での政策は、住民の要望をただ訴えるだけでなく、さまざまな分野の課題を現実的かつ包括的に提示しなければならない。苦労の末に政策は「さとこビジョン」という政策集に着地した。

結局、「さとこビジョン」には、「児童館の廃止や保育所の民営化、学童保育の民間委託を徹底検証し、見直す」「区立施設の統廃合や駅前再開発、大規模道路拡幅計画など、住民の合意が得られないものはいったん停止し、見直す」と入ってはいるが、具体的に廃止をやめる、あるいは計画を中止する、白紙撤回などと書かれてはいない。

政策ビジョンの根本としては「対話から始まる」と掲げた。一方的に決めるのではなくて、区民の声に耳を傾け、政策に生かしていこうというのだ。基本姿勢として気候変動対策、透明な区政、ジェンダー平等の促進なども盛り込んだ。

共同作業としての選挙

結局、立候補したのは岸本氏に加え、現職の田中氏と、元区議の田中裕太郎氏の3人だった。知名度が全くなく、しかも立候補を決めたのも遅かった岸本氏は朝晩駅頭などに立って名前を売り込み、合間に街頭演説やタウンミーティングも積み重ねた。

選挙のやり方でも、当初は意見が合わないところがあった。杉並区民は誰も岸本氏のことを知らない。そもそも杉並区出身ではなく、知り合いもほとんどいない。それで3期務めた現職に挑もうというのだから、「住民思いの会」はまずは名前を知ってもらうべきだとして、朝の駅頭などに立って名前を連呼することから始めた。日本ではおなじみの光景である。

しかし、「私が立候補したのはそういう選挙のやり方への問題提起」という思いもある岸本氏は、最初はすんなりとは受け入れがたかった。とはいえ、「とにかくあなたのことを誰も知らないんだから」ということで、伝統的な朝夕の駅頭立ち、名前の連呼などもやった。

選挙費用は650万円ほどかかったが、個人の寄付でまかなった。選挙事務所のテーブルや冷蔵庫などはリサイクル、電気設備は「住民思いの会」の仲間にいた電器屋さんが担った。すべてが文字通り手作りだった。

選挙陣営には、多くのボランティア女性が加わった。彼女たちのアイデアで、「ひとり街宣」という活動がスタートした。支持者たちがひとりでポスターやのぼりを掲げてあちこちの駅頭に立ち、岸本氏の存在をアピールしたのだ。前述の寺田氏も参加した。連絡にはSNSを使い、区内の駅が「ひとり街宣」をする女性たちでどんどん埋まっていった。まさに草の根型の選挙だった。

岸本氏が手応えを感じたのは、投票日の5日前、2022年6月14日に青年会議所が主催したオンラインの政策討論会でだった。候補者全員が出席して行われた。それぞれの発言にはオンラインで視聴者からのコメントが流れる。その多くが岸本氏への賛同や応援だったという。

「あれを観《み》た人は5000人くらいと言われています。5000人の聴衆を集めるのは難しいけれども、オンラインだったら参加できる。そして私に対し応援コメントが多くて、こういう人たちが選挙に行けば変わると思いました」

街頭宣伝もただ名前を連呼するだけではなくて、岸本氏と集まった人たちが意見を交わす「対話型」になっていったという。岸本氏は聴衆たちにどんどんマイクを手渡して話してもらった。

「私は家父長制的な家庭に育ってきて、今は親の介護をしているけれど、納得がいかなかったり、つらかったりしたのは全部自分のせいだと思ってきました。でも、ジェンダー平等とか勉強して、自分のつらさは政治と関係しているとわかったらすごく元気が出てきました、だから岸本さんの街宣に来ました」と言ってくれた女性もいた。

選挙戦も最終盤にさしかかった金曜の夜は、高円寺の駅前広場での集会だった。「都市の自由」をテーマに（このように抽象的なことをテーマにするのも、選挙としては非常に珍しいだろう）、岸本氏や応援に集まった人々が次々にマイクを握った。金曜日の夜ということもあり、広場やその近くで飲んでいた人たちが集会を覗《のぞ》き、ヤジを飛ばした。

「『ラブアンドピース』と叫ぶ人もいて、私たちは都市の自由と平和と愛を語っていた。これが街の力で、多様性で、人々の思いなんだ。すごくエネルギーがわいて、ポジティブで、未来を感じた。いい集会でした」と岸本氏は言う。まさにテーマの「都市の自由」を感じたのだという。

岸本氏は、選挙とは一種のコミュニティづくり、仲間づくりの側面があると言う。

「社会や地域のビジョンを遠慮なく話せて、思いを同じくする人たちとつながれる。選挙という共同作業を通じて楽しく活動できて、強くなれる」

確かに、自分たちの住む地域や社会をもっと良くするため思いを同じくする仲間が増えて、わいわい議論できるのは楽しいだろう。そして選挙という真剣勝負の時間を共にするのだから、つながりも強くなるはずだ。選挙が有権者と立候補者、有権者同士がつながる場であり、つらさや苦しさを共有して、どうしたらいいかを主体的に考える、そして、選挙とそこで選ばれた政治家を通じて実現をめざす場となっていったのだ。

業界団体や組合は自分たちの利益のために動員して選挙活動をするわけだが、こういったボランティア型の手作り選挙は（市民派、という言葉がふさわしいのかわからないが）もっと利益が「公」に開かれていて、自分と社会の関係を確認できるところが違うと言えよう。

選挙は続くよどこまでも

岸本氏の選挙には、今まで選挙応援などしたこともなかった30代、40代を中心とする女性たちが多く関わった。それは、「住民思いの会」を超えて広がっていった。

杉並区の善福寺川沿いで民家の一角を増築したカフェを経営していたブランシャー明日香氏は、岸本氏の主張する「ミュニシパリズム」（地域主権主義）の歌を作った。

〽スマホ画面　5分1回チェック　でもまだ不安
選挙ポスター　知らないオジサンばっか　でも関係ない
だけど最近　ニュースがコワイ　世界大丈夫？　日本大丈夫？
モヤモヤ気分　本屋覗いたら　飛び込んできたマジックワード
ミュニシパリズム　聞いたことない　不思議な響き　ググってみたら
ミュニシパリズム　知らなかった　僕らのまち　僕らでつくる
What about us? What about you?
What about our children? What about our future?
……

ブランシャー氏は環境問題に関心があり、カフェを拠点に環境問題の勉強会やイベントなどを開催していた。「住民思いの会」のメンバーではなかったが、もともと岸本氏の著書を読んだことがあり、「ミュニシパリズムや環境政策など、自分の考えに近いと感じていました」。一緒に環境問題に取り組んでいた知人が「住民思いの会」のメンバーだったため、同会の環境の政策作りを担った。

「自由に書くことができた。すごいことだと思いました。杉並区が環境第一都市になれるかもしれない」

なぜ、歌を作ったのだろう。

「ミュニシパリズムの考えはとてもいいなと思ったんですが、言いにくいなと思っていて。で、ある日歌が降りてきて」

それをスマホに吹き込み、カフェの客だったシンガーにギャランティを支払って譜面にしてもらい、歌ってもらった。動画も作り、陣営はそれを使った。ちなみにこの歌は、区長選について追ったドキュメンタリー映画『映画 ○月○日、区長になる女。』（2024年）で俳優の小泉今日子さんが歌っている。

だが、ブランシャー氏は選挙事務所に行くことも、電話かけなどを手伝うことも、「ひとり街宣」もしなかった。

「団体行動が苦手で……。会の政策作りには関わりましたが、あとは歌を作っただけです。でも、私が歌を作ったように、岸本さんを応援したい市民が勝手に動いたっていう感じだったと思うんです。それでどんどん支持が広がっていった。トップダウンじゃなくて、誰からも統括されず自由に。選挙ってこんなふうにできるんだ、おもしろいって思いました」

もとより、これは「伝統的な」選挙活動ではない。自民党に見られるような後援会型、立憲民主党などに見られる労働組合型、公明党（の支持母体である創価学会）に見られるような宗教型は、一般的に組織型選挙だ。統括する人がいて、そこからトップダウンで指令がおりていく。動員もされ、集会があればそこそこ人は集まっている。が、熱があるかというと微妙だ。しがらみの中で集会には行くし、票も入れる。「固い」選挙であって、票読みもできる。確実な一方で、爆発するような力はない。定理や公式の通用するサイエンス型選挙と言えようか。

が、選挙で風が吹く時は違う。支援の輪がどんどん広がって、いや、輪というよりも、あちこちに無軌道に広がっていくイメージだ。こちらはサイエンスと対をなすアート型だろうか。

そしてアート型には熱がある。その熱がどんどん伝播《でんぱ》していくのだ。選対からの呼びかけに対し、みんなが勝手に支援を呼びかけて広がっていく。確実ではないし、票読みも難しい。でも、そういう小さなビッグバンがあちこちで起きた。

選挙結果は岸本氏の勝利。次点の田中良氏と187票という僅差だった。区長選を前に、区議会の自民党会派が分裂するなどして相手が一枚岩ではなかったことにも助けられた。

区長選の投票率にも顕著な変化があった。2018年が32・02%だったのに対し、2022年は37・52%。5ポイント以上伸びているのだ。ちなみに2014年は28・79%である。しかも、男性が31・7%から36・78%だったのに対し、女性は32・31%から38・18%と女性の伸び率のほうがわずかに高い。年代別で見ると、30代女性が25・01%から33・18%と8ポイント以上伸びているのが目を引く。

吉田晴美氏が当選した衆院選と同じように、やはり女性の投票率の伸びがカギを握ったのである。こちらはさらにそれが顕著だったのだ。

人数で言うと、2018年は15万人あまりが投票に行ったのに対し、2022年は17万7000人あまりである。高いとは言えない投票率だが、この伸びた分が岸本氏当選に大きく作用したと言えるだろう。
岸本陣営では当確が伝えられた時、当選につきものの、「バンザイ」はしなかった。代わりに、みんなで考えた「コール」をした。

みんなのことはみんなで決める
児童館守って　ゆうゆう館守ろう
商店街守って　街並み守ろう
みんなでつくろう明日の杉並
選挙は続くよ　どこまでも

「選挙は続くよ　どこまでも」となっているのは、岸本氏いわく「当選してもしなくても選挙と選挙の間が大事だ」からでもある。今回がダメでも、次に向けてがんばっていこう……そんな思いも込められていた。

当選はゴールではなくて、スタートラインに過ぎない。そこから本来の目的を果たすための取り組みが始まる。

「議会」という壁

地方自治体とは、首長が思うままにすべてを采配できるわけではない。予算や条例など、議会の議決を得なければならない。首長も、議会も両方住民の選挙で選ばれている二元代表制である。

国は、国会議員だけが選挙で選ばれる。議院内閣制であり、国会で指名された総理大臣が内閣を組織する。国の場合は原則として内閣を構成している議員たちの政党が与党（閣外協力の与党もある）、その内閣を支持しない政党は野党である。二元代表制の自治体の場合は、そのような意味での「与野党」ではないが、「与党系」「野党系」は存在する。

岸本氏の場合は、与党系（立憲民主党や共産党など）、野党系（自民党など）……となっている。当選当初、与党系のほうが少数、3分の1しかいなかった。だから、区議会運営は当然、困難が予想された。

2022年9月、当選して初めての議会。区民たちの関心は高かった。傍聴席は満席となり、区役所の中に第二会場を設置してモニターを置き、そこに80人ほどが集まったという。杉並区議会始まって以来のことだった。

その議会で岸本氏は所信表明演説をした。もちろん政策面などは区役所の職員の手を借りたが、できるだけ自分の言葉で話した。自分の経歴を紹介したうえで、「今まで選挙や政治の場で声を出さなかった個人が、通りや駅前広場で生活の苦しさや生きづらさを話し始め、共有する場になっていったのです」と選挙を振り返った。そして気候変動対策と防災や、地域社会の強化を重視し、情報公開や区民参加型予算の導入を進めることを表明した。主要な政策としては、子どもの育ちを支えるために子どもの権利条例を制定しヤングケアラーの調査をすること、多様性を重んじるためにパートナーシップ制度を作ること、対話を大切にしたまちづくりをすることなどを掲げた。

これに対して翌日以降の議会では、区議からの代表質問・一般質問が行われた。今の議会で何が起きているのか、どんなことが質問されているのかを考えるために、長めに紹介しよう（以下、杉並区議会会議録より）。

自民党の議員を中心に批判が集中したのが、岸本氏が、安倍晋三元首相が殺害された後、国葬反対デモに参加したことだった。自民党の小川宗次郎区議は、まず、区長選挙を「政策論争を棚上げした、ある種異常な選挙戦でありました」と振り返った。

「岸本区長は長年ヨーロッパで生活し、杉並区に引っ越してきたのが選挙2か月前と聞いております。正直、杉並区の様子も分からない状況での立候補ではないかと推察いたします。区民の中には、少なからず57万区民の負託に応え、どのような政治手腕を発揮できるのか不安に感じていることだと思っております。その点、前任者、前々任者は、区長就任前は杉並区を選挙地盤とした地域に関わっていたため、地域を知っている意味では一定の安心感や期待感がございました。その意味では、岸本区長の安心感、期待感は未知の世界であると、まちの声を多く聞いております」

国葬反対デモへの参加についても、「自らの政治主張を行った今回の行為は、区政を円滑に統括する立場の責任者であり、区民の代表である首長として極めて不適切な行動です。岸本区長は、杉並区長としてではなく岸本聡子個人として参加したとの見方をする人もいらっしゃいますが、杉並区内で岸本聡子氏が大衆の目の前で何らかの言動をすれば、杉並区民は岸本聡子個人ではなく岸本区長と認識するはずであり、個人と公人とを分けることは極めて困難なものでございます」と述べた。

海外在住歴が長かったことを問題にした議員もいた。同じく自民党の松浦威明《たけあき》区議は、「区長の環境について確認させてください。区長はオランダやベルギーに住み、選挙の3か月前（筆者注：実際は2か月前）に杉並区に移住されております。経済的にも能力的にも心持ちにも、現在の職責以外にはいつでも外国に移住できる環境にあるのではないかと勝手に想像してしまいますが、区長自身のその環境はいかがか、お伺いいたします」と、岸本氏が日本に住み続けるのかどうかについて質《ただ》した。

自民党の國﨑隆志区議は、岸本区長のブログについて、ジョギングをした時の描写で「井草八幡宮」を「井草神社」と誤って記述したことを問題にした。その後ブログの訂正はなされたが、「長く住まわれていたベルギーでは果たしてどうだったか分かりませんが、ここ日本では、地域に住む人間にとって、地域の地名や名称はとても大切なものです。（中略）地域に住む方々、町会や商店街の方々からは、区長は地域のことを何だと思っているんだ。地域が誇る名所の名前を知らないこと、そして名前を間違えるなんて言語道断だ。区長は地域に寄り添うと言っていたが、こんなことがあると、あの人が話す言葉はすべて薄っぺらく思えてしまう。あの人は地域や区民の信用をなくした等の厳しい怒りの声が私のもとに届いております。（中略）区長はこの事実に対してどうお考えになられているのか、お尋ねいたします」と質問した。

岸本氏は国葬反対デモに参加したことは「配慮が足りなかった」と認めた。この後の区政運営で多難が予想される船出だった。

「議会が変わらないと」

この区議会を見て、危機感を強めたのが区長選で岸本氏を応援したメンバーたちだった。「めざす社会の話とかではなくて、区長の個人攻撃や人格否定のような質問が多かった」と、前述の寺田陽香氏。岸本氏を応援する前から区議会には関心を持ち、保育士の仕事をしていたことから、保健福祉委員会の傍聴などに出かけていた。「区長が代わったから行政も変わるかなと思ったけど、そんなに簡単じゃない。議会が変わらないとだめ」と感じた。ちょうど翌年の2023年が区議会選挙の年だった。何人かに立候補しないかと声をかけてみた。しかし芳しい返事はない。

そんな状態が続き、選挙が始まるぎりぎりになって自分が立候補することを決めた。無所属で出ることも考えたが、結局「最終的に国政につながらないと意味がない」と立憲民主党から出た。他にも「ひとり街宣」を行った小池恵《めぐみ》氏も共産党から立候補した。

前述のブランシャー氏も立候補し、当選した。「住民思いの会」のメンバーだった緑の党グリーンズジャパンの党員から声をかけられたからだ。緑の党は国政に議員はいないが、地方議員を複数出している。「議員になることなんて、考えてもいなかった」が、「環境派がいない」と説得された。確かに環境政策でやりたいことはある。それでも現実的に考えられなかったが、毎年夏に出かけているフランスで、田舎町でのキャンプをした際（ブランシャー氏の夫はフランス人だ）、村議をしている知人に「やりたいことがあるならなんで出ないの」と言われたこともあり、出馬を決めた。

区議会で味方を増やさないといけない、という危機感は当然、岸本氏にもあった。区議選に向けてどうするか――。

コアな支持者と話し合うと、「積極的に味方を増やすよう動くべき」という意見がある一方で、「二元代表制なのだから区長は特定の議員を応援すべきではない」という正反対の意見が出てきた。

悩んだあげくの結論は「味方を増やすために、動く」ことだった。寺田氏や小池氏、ブランシャー氏のように自分の周辺からも続々と立候補者が出ている。これだけ出て、票を食い合って負けて終わってはいけない。仲間たちをみんな当選させるには応援するしかない。そういう思いからだった。

応援するにあたっては大義名分がいる。気候変動対策やジェンダー問題、対話と参加による自治など大きな社会の方向性を示す7つの政策からなる「政策合意書」を作り、区議会の全会派と、区長選で応援してくれた政党からの立候補者に送付した。これに賛同した人を応援することにした。岸本氏は「区議選に際して、私は政策の中身で協力する人を決めるんだ、という区民にとってもわかりやすくて、立候補者にとってもわかりやすい透明性のある手法があのやり方だった」と言う。自民党議員などからは「踏み絵」だとも批判された。

岸本氏は選挙期間中、区民が企画した党派を超えて応援する「共同街宣」にも参加した。

結局、区議選では候補69人が48議席を争った。岸本氏は19人を支援し、そのうち14人が女性だった。14人のうち、新顔6人を含む10人が当選した。その結果、女性が改選前の15人から24人に増えて、日本では非常に珍しい、女性が半数の議会となった。寺田氏、ブランシャー氏、小池氏は皆当選した。

対照的に自民党は現職7人が落選。前述した区議会で質問をした自民党の男性区議3人も落選した。

前年の区長選同様、投票率は伸びた。2019年の区議選が39・47%だったのに対し、2023年は43・66%。しかも男性が39・27%から43・02%、女性が39・65%から44・23%と、区長選同様、女性の伸びのほうが大きい。しかも注目すべきは、20代女性が20・68%から27・72%、30代女性が31・45%から40・09%と顕著に伸びていた。女性半数議会が誕生したのは、若い女性たちが投票に行ったからなのである。

綱渡りの中で

味方が増えたとはいえ、依然として議会が綱渡り状態なのは変わらない。仲間を増やしたことで、逆に自民党などとの対立が先鋭化し、激化した面もある。

児童館や高齢者施設の廃止の見直しは、区長選の公約に盛り込まれたものの、すでに予算化されて計画が進んでいたために、そのまま廃止することになったものも一部ある。当然、「区長が代わったのだから廃止されないと思っていた」という批判も多かった。阿佐ケ谷駅前の再開発や都市計画道路の見直しなど、今後の難問も多い。

一方で、実現した政策もある。パートナーシップ制度の制定や給食費の無償化などだ。「対話」という点ではまちづくり基本方針の改定に際して、骨子案の作成段階から区民の意見を聴いた。2024年の3月より、無作為抽出で選ばれた区民が気候変動対策について話し合う「気候区民会議」も始まった。区民が予算の使い方について提案して、最終的に次年度予算案に反映する事業案を区民の投票で決める「区民参加型予算」もモデル実施した。

それでも支持者からは「まだまだ対話が少ない」という声も聞かれる。

岸本氏自身は、施設再編については、廃止になったものもあるが、「全体で再編計画の見直しができた」と言う。

「行政が一度決めた計画を変更するのは本当に大変。それを私も学んだし、区の担当者たちも積極的に地域に出て行ってくれて、多くのことを学んだと思う。行政と住民が一緒に進んでいくことができるんだということを実証しているところです」

公約に掲げた子どもの権利条例策定に向けての準備も進めている。

「その中で子どもの居場所をどうするかということも、今検討しています。児童館で廃止になったものもあるけれど、少し長い目で全体を見てほしい」

1期目の折り返し地点を越えた。任期の4年でどこまで実現できるか。前区長が返り咲きをねらっているとも言われる。政治に妥協はつきものではあるが、妥協してばかりでは区長が代わった意味がない。岸本氏の挑戦は続いている。

第４章　女性議員を増やすには

制度で増やすには

日本の政治の世界に女性は少ない。直近、2024年の衆院選における全当選者に占める女性の割合は15・7%。過去最高だが、それでもこの数字だ。2021年の衆院選では9・7%、2017年の衆院選では10・1%だった。参院は衆院よりも高く、2022年の参院選では27・4%。こちらは男性多数の中でも女性が一定の存在感を占め、意思決定が変わると言われる3割まではもう少しである。

しかし、この女性の割合は世界的に見ても低く、2023年の列国議会同盟（IPU）の統計の下院または一院制議会における女性議員比率のランキングに日本の衆議院をあてはめると、186か国中164位である。世界経済フォーラムのジェンダーギャップ指数では、2023年は146か国中125位、2024年は118位だった。このジェンダーギャップ指数は、政治、経済、教育、保健・健康の4分野から算出をしている。特に低いのが政治と経済。政治分野について2023年は138位だったが、2024年は113位に上がった。政治分野の指数は、国会議員の女性割合、閣僚の女性割合、過去50年間における国の女性トップの在職年数で算出しているが、２０２３年9月の内閣改造で女性閣僚が5人に増えたことにより順位を上げたのである。しかし、改造の時点で女性の副大臣、政務官はゼロである。そもそも女性国会議員の数が少ないので、そうなってしまう。ちなみに経済についても１２０位（２０２４年）で、先進国中で最大の男女間賃金格差や、女性管理職の少なさが際立つ。

　地方議員も少ない。その中では都市部が比較的高く、２０２３年12月末現在で区議会は３割を超えて36・２％、政令指定都市の市議会は22・９％、市議会全体は19・１％、都道府県議会は14・６％。町村議会は13・６％だ。

　増やすにはどうしたらいいか。

　女性の立候補者数や当選者数を増やすしかないが、自然増を待っていたら、一体いつ増えるのかわからない。なにせ第二次世界大戦後、女性が初めて選挙権と被選挙権を得た１９４６年の衆院選での女性当選割合が８・４％。これを超えたのは２００５年の衆院選で、女性の当選者の割合は９％。実に半世紀以上、59年もかかっているのである。最近でこそ増加傾向にあるが、それにしてもスローペースだ。

これは日本だけではなく、世界各国共通の課題だった。そこで取られてきたのが女性議員を制度的に増やす方法である。クオータ制やパリテがそれだ。

クオータ制とは、性別を基準に女性または両性の比率を割り当てる制度である。憲法や法律によるものと、政党による独自のものとに大別できる。前者は、議席の一定割合を女性に割り当てることを定めたものや、あるいは候補者の一定割合を割り当てるようにしたもの、比例区の名簿などで順序を男女交互にするよう定めたものなどもある。後者は政党が自分たちのルールで候補者の一定割合を女性にする、あるいは男女比率を定めたものがある。

パリテというのはクオータ制をさらに進めたイメージで、フランス語で「同数、均等」を意味する。フランスでは1999年に憲法が改正されて、2000年に通称「パリテ法」が制定された。ここからパリテという言葉は政治の分野のみならず、意思決定の場で男女が同数になることをめざすという文脈で使われている。第5章で詳述するが、フランスの県議会選挙は男女ペアでないと立候補できないという究極の男女同数、パリテの制度が取られている。

２０２０年3月に作成された内閣府男女共同参画局の報告書によると、同年2月時点ですでに国レベルでクオータ制を導入しているのは１１８か国・地域。政党のみの自主的なクオータ制は33か国である。男女平等の優等生として、ジェンダーギャップ指数で上位の常連であるスウェーデンも、政党のみの自主的なクオータ制である。

日本ではクオータ制やパリテが法で決まっていない。自民党は女性議員の数を義務づけることに非常に抵抗感があるようだ。とはいっても、世の中の流れにはどこよりも敏感な自民党。第6章で詳述するように、世間が女性政治家を求めているのを感じ取り、２０２3年には「今後10年で国政における自民党の女性議員の割合を30％にする」という目標を掲げた。そのための方策として、選挙区では原則として公募で候補者を選定し、衆院の比例上位や参院の比例区で女性を積極的に擁立すること、女性候補支援金制度の創設などを掲げている。

ただ自民党には、政治の世界に女性を増やすことに拒否感が強い議員もまだまだ多い。

女性政治家を増やそうと、政党に対して選挙に擁立する候補者の数を男女均等にする努力を求める「政治分野における男女共同参画推進法」（候補者男女均等法）が２０１８年にできたが、あくまでも「努力」で、均等にするかどうかは政党次第である。努力した、と言って何もしていなくても特に罰則はない。

この法律ですら、自民党内で議論された時には異論が相次いだ。一言で言えば「無理やり男女均等にするのはおかしい、不自然だ、民主主義に反するのではないか」といった類いのものだ。議論が紛糾する中で、反対派の男性議員が、女性政治家の多いアフリカの国を引き合いに出してこんなことを言った。

「日本で女性の政治家が増えたら発展途上国になる」

そんな自民党では30％などとても無理とも思えるが、世間の変化をかぎ取ることには非常にたけているのがこの党だ。だから長いこと与党の座にいる。自分たちが生き延びるためには、目標を達成するかもしれない。

自分たちで増やすには

法律や制度の他にも、女性議員を増やすためのカギがある。それは、政治に関するスクールや教育、ロールモデル、そしてコミュニティである。

政治に関心はある。地方議会だったら身近な政策課題で、自分でもできるかもしれない。やってみたい。でも政治家の知り合いもいないし、どうやって選挙をやったらいいのかもわからない。当選できるのか自信もない——。

そんな女性たちに選挙のノウハウを教えて自信をつける「スクール」や「塾」がいくつもある。30年の歴史を持つものもあれば、近年生まれたものもある。「スクール」とはいかないまでも、議員が自らの経験をもとにノウハウを教えたり、選挙の支援をしたりしている例もある。

次節で詳述するが、スクールでは、先輩の議員たちからどういう仕事をしているのかを聞き、政策について議論をし、選挙や政治家になった後を想定した演説やプレゼンの練習と実践をする、というのが典型的な内容である。選挙キャンペーンについてシミュレーションをする場合もある。

また、ロールモデルの存在も非常に大事である。そもそも女性議員の少ない日本では、女性政治家のイメージを持つこと自体難しい。政治家になっている女性が非常に限られているから、ものすごく変わった特殊な人と思われがちで、実際にそのような女性政治家もいる。かえって政治家になりたくない、なるのは無理だと思ってしまう逆のインセンティブになりかねない。

だが、自分の身の回りの遠くない範囲で、女性政治家がどんな人で何をしているのかの具体的な例があれば、政治がより身近になり、自分もこんな政治家になってみたい、できるかもしれない、というモチベーションや後押しになるだろう。これは、職場に女性上司がいるかどうかによって、自分も昇進するイメージがわくか、自分にも役職が務まると思えるか、と同様である。

また、政治家をめざしたり、興味があったりする女性たちのグループ、コミュニティの存在もカギを握る。政治家を志し、立候補の準備をして選挙のキャンペーンをするのは、マラソンのように長い道のりであり、ペース配分をしつつ、熱と勢いが必要で、しかも孤独な作業でもある。そんな時に、仲間の存在は不可欠だ。夢を語り合い、挫折しそうな時に励まし合い、ノウハウを共有し、悩みを分かち合う。お互いに背中を押してモチベーションと熱を維持する。失敗談も率直に打ち明けて同じことを繰り返さないようにし、そして自分ひとりではない、みんな同じなんだと気分を楽にする。政治家をめざす当事者でなくてはわからないつらさや苦しさ、楽しさ、喜びがあるのだ。

政策や選挙キャンペーン、ＳＮＳ活用のノウハウも相互に教え合い、議論をすることで多様な視点を得て質も高められる。走りながら、お互いペースメーカーとしても助け合える。仲間がいるからがんばれるのだ。

立候補を決めるまで、決めてから、選挙中、そして政治家になった後もコミュニティは大事である。議会の中でどう政策を進めていくのか、質問はどうするのか、先輩・同僚議員とどう付き合うのか、役人との距離感や議論はどうすればいいのか……など、これまた悩みはつきない。

増えつつある「スクール」

政治家を志す女性に政治家の具体的なイメージを抱かせ、政策について議論をし、プレゼン能力を磨き、選挙のノウハウやキャンペーンのやり方を教える。そんな女性対象の政治や選挙のためのスクールの存在はグローバルに共通している。アメリカ、フランス、イギリス……、アジアでは台湾にもある。やり方がわかり、仲間ができて背中を少し押されれば、勇気を得て立候補できるのである。

このようなスクールの、日本でのさきがけは元参院議員で2024年に衆院議員となった円《まど》より子氏が主催する「女性のための政治スクール」だ。1993年、円氏が日本新党から参院議員になった年にスクールはスタートし、30年が過ぎた。のべ1300人以上が通い、国会議員9人以上、地方議員130人以上が誕生したという。

「女性のための」と銘打っているが、男性も参加できる。内容は政治家や有識者、省庁関係者から政策や予算を学ぶ他、省庁などの視察、ボイストレーニングやディベートの実習などがある。議員に当選した後も勉強やネットワークのために通い続けている人たちもいる。そうした、言ってみれば政治家の「先輩」たちがビギナーに具体的なノウハウや心構えなどについても伝授している。このような関係は他ではなかなか得られないだろう。

ジェンダーと政治について教える大学の研究者が、学校の枠を出て、女性政治家を増やすべく実践しているのが上智大学の三浦まり教授と、お茶の水女子大学の申《しん》きよん教授が設立した「パリテ・アカデミー」だ。2018年に創設し、これまでに20人以上の政治家を誕生させてきた。経験者に話を聞き、スピーチの実習をして、候補者やマネージャー、会計担当者などの役割を決めて実際の市議選を念頭に選挙準備のシミュレーションもする。

また、投資家の村上世彰《よしあき》さんが創設した村上財団で、10代から30代の政治家になりたい女性を支援する塾を2022年から始めたのは、村上さんの次女で同財団の代表理事を務める村上フレンツェル玲《れい》さんだ。政治家や大学教授などから講義を受ける他、支援金として100万円が支給される。

若い世代も動いている。若者の政治参加を促す「NO YOUTH NO JAPAN」代表理事の能條桃子さんが、20代、30代の女性、ノンバイナリー、Xジェンダーの政治家を増やそうと、2023年の統一地方選を控えた2022年に「FIFTYS PROJECT」を設立。統一地方選では、29人の候補を支援し、24人が当選した。さまざまな勉強会を開き、候補者同士の横のつながりを作り、有権者との交流イベントを行った。

地方では自治体主導も

地方でもさまざまな取り組みが行われている。

第1章でも紹介した鹿児島県南さつま市議の平神純子氏は、「鹿児島県内の女性議員を

100人にする会」を1996年に立ち上げた。

もともと看護師だったが、地元の大学で学び直して、政治学の授業を取った。「市民の政治参加」の言葉にひかれて市議会を傍聴してみたら、給食と牛乳が取り上げられていた。しかし、男性議員たちは牛乳の値段を知らないようだった。子育て世代、特に女性の声が市政に反映されていないと1995年の同県加世田市議選に立候補して当選した。当時、県内の女性議員の数は30人あまりで、自治体は100ほど。だから「100人」とした。以降、落選もしながら政治活動を続けた。

手弁当で県内各地を回って候補者を発掘し、イベントを開き、選挙のノウハウを教え、献身的に手伝う。2021年の南さつま市議選では、自分の他に女性1人に声をかけ、計2人の女性が立候補した。平神氏の活動報告に彼女の写真や経歴、紹介を載せて、2人とも当選した。まだ100人には達していないが、加速度的に増えており、2024年11月現在で98人。もうあとちょっと、先が見えてきた。

兵庫県小野市は、自治体主導で「塾」を開き、女性市議が増えた珍しい例だ。2008年当時、市議会には女性が1人もいなかった。過去にいたことはあったが、立候補もない状況になっていた。蓬莱《ほうらい》務《つとむ》市長が旗を振り、市の男女共同参画担当課長だった中村和子さんに「どうにかできないか」と相談。もともと小学校教諭で「人を育てるのが好き」と言う中村さんは、２０１０年に「おのウィメンズ・チャレンジ塾」という女性対象のリーダーシップ養成講座を開いた。

参加者は30代から70代まで。女性市長や議員を招き、体験談を聞く。市長と意見交換する。ファシリテーションのやり方を学ぶ。自分の気持ちをわかりやすく論理的に人に伝えることをトレーニングするために、１分間や２分間のスピーチの練習をした。

中村さんは言う。

「人前であまり話したことがない女性たちは、話が飛躍しがち。そうすると、男性社会から拒絶される。一度そういう経験をすると、自信を失ってしまって二度とやりたいと思わない。でも、トレーニングすればわかりやすく話せるようになる。まず結論を言って、その根拠を３つくらいのポイントに絞って説明していく。要は慣れなんです。できるようになれば、女性たちはどんどん自信をつけていく。それを見るのが楽しかった。女性たちに、自分たちの中に眠れる力に気づいてほしかったんです」

女性たちは「塾」で仲間もできた。

「同じ場で同じ課題を共有すると、前に進んでいけるんです」

中村さんは、「塾」の1期生で婦人会の活動や女性団体連絡協議会の代表をしていた小林千津子氏に声をかけて、立候補を勧めた。

「あなたが出てガラスの天井を破らない限り、小林さんでも出ない、ということになって誰も出ないよ」

市長もあちこちで「女性議員がいないのはおかしい」と話して、環境を醸成した。その結果、2011年の市議選には6人の女性が立候補して3人が当選した。2023年には16人の市議中、7人が女性になった。小林氏はその後当選を続けて現在4期目だ。女性初の市議会議長も務めた。

2023年に初当選した掘井ひさ代氏も「塾」の卒業生だ。証券会社に定年まで勤め、近所の仲間と地元で小さな食堂を経営していた。地域に根ざしたコミュニティレストランとでも言うべきものだ。高齢者が多く通ってきて、いろいろな地域の課題も見えてきた。そういった活動の中で、市議に立候補したいという気持ちはあったが、「やはり実際の一歩を踏み出せるかどうかというと、それが難しい。塾は背中を押して具体的な行動につなげてくれた」と言う。

小野市の「塾」は今に続いている。中村さんは市役所を退職後、男女共同参画アドバイザーを務め、同種の塾は近隣の自治体に広がっている。

同県養父《やぶ》市で2023年から始まった女性リーダー養成講座ではやはり、プレゼンテーションやファシリテーションの練習、自分たちの住む地域についての議論、女性議員を招いての交流などが行われた。参加者のうち3人が2024年10月の同市議選に立候補して、全員が当選した。中村さんは「仕掛けをすると反応がある時代になった」と、変化と手応えを感じている。

これらは、地域コミュニティの非常に地道な活動である。政治は国政レベルばかりではない。政治が途方もなく遠すぎて自分とは関係ないと思ってしまう人たちも、まずは顔の見えるような身近なところからであれば、一歩を踏み出せるだろう。女性の地方議員が増えるということは、女性国会議員のなり手が増えることにつながるかもしれない。市議会議員から県議に、県議から国会議員にというステップアップであればそう無理なくできるであろうし、実際そうした例は多い。

政治家が増えるばかりではない。政治家に実際にならなくても、政治に関心を持つ層が増えることも、政治を監視し、緊張感を与え、変革する動きとなる。民主主義にとって非常に大事なことである。そういった点の変革があちこちで起これば、女性政治家の数が増えて、地方政治が変わっていく。

芦屋、尼崎《あまがさき》、宝塚の謎

芦屋市、尼崎市、宝塚市。兵庫県の南東部で大阪府に近接するこの地域を、筆者は「女性政治家三角地帯」と呼んでいる。芦屋市では1991年に全国初の女性市長が誕生し（そう、日本では女性市長は1991年になって初めて誕生したのだ）、尼崎市では2002年から2022年にかけて二代の女性市長が、宝塚市も2009年から二代女性市長が続いている。

なぜこの地域には女性市長が多いのか。

筆者はそのルーツを社会党（現社民党）委員長や社民党党首、衆院議長を務めた土井たか子氏にみる。

1928年生まれの土井氏は1969年に旧兵庫2区（1993年当時は芦屋、尼崎、宝塚など8市と3つの郡から成っていた）で旧社会党から出馬。以来、連続当選を重ねて12期務めた。1996年に小選挙区比例代表並立制の衆院選が実施されると、兵庫7区（2017年までの区割り）から出馬。芦屋市と西宮市である。土井氏が在任していた1969年から2005年まで、日本の女性衆院議員の割合が10%を超えることはなかった。

その中にあって、土井氏のようにずっと当選を重ねていたのは非常に稀有《けう》な例である。つまり、土井氏が出馬していた選挙区の人々は、当時にあっては珍しく「女性政治家」、しかも国会議員という、権力をより持っている立場の女性政治家に慣れていたのである。

これは、少なくとも2つの意味があったと考えられる。

ひとつは、有権者たちに、「女性でも政治家になれる、政治家として活躍できる」という認識を与えたことである。「政治家は男性がなるもの」という先入観をひっくり返し、ロールモデルとなった。土井氏は政治家になる前は大学で憲法学を教えており、キャリアを積んだ女性だった。にしても、「政治家」に、しかも国会議員になるのは相当に思い切った飛躍である。そして野党であるにもかかわらず、当選を重ねた。地元の有権者からも評価されていたということであろう。加えて1986年には社会党の委員長に就任して、「土井ブーム」を巻き起こす。

1989年の参院選では女性候補を多数擁立し、当選させたいわゆる「マドンナブーム」が起こり、社会党は改選分では第一党になるという躍進を果たした（「マドンナブーム」には女性が一気に政治進出を果たしたという一定の意味はあったであろうが、半分近くが1期限りで落選あるいは引退している。しかし、ここで深入りはしない）。この時の土井氏の発言、「山が動いた」は流行語となった。全国の多くの有権者は、土井氏が委員長に就任してから彼女のことを認識したという人も多かったであろうが、地元の人々からすれば、ずっと地道に活動していた彼女がついに全国的に花開いたという心境だったかもしれない。

全国初めての女性市長が誕生したのはその2年後、1991年のことである。土井氏の地元、芦屋市だった。弁護士の北村春江氏が市民グループに推されて出馬し、現職を破って当選。3期務めた。

女性たちからすれば、意識していたかどうかにかかわらず、土井氏の存在が「自分たち女性でも政治家ができる」「男性と伍《ご》して活躍できる」という自信を与えていたのではないか。身近に長く活躍する女性政治家がいるのといないのとでは、政治への距離がまるで違って感じられるだろう。

しかも土井氏の国会議員時代、地元の住まいは6畳と4畳半のアパート。決してぜいたくをすることもなかった。おそらく、近所のスーパーや商店で買い物をする姿を（そういう姿を「見せる」ためにわざわざ地元で買い物をする政治家もいるが、彼女の場合はそうではなくごく自然に）見ることもあったろう。豪邸に住まい、生活のことは妻にまかせっきり、というような「偉い政治家のセンセイ」では決してなかったのである。

これがふたつ目の意味である。二間のアパートに住み、地元で買い物をするような「普通」の生活をしている人でも政治家になれる。身近で、すぐそばに住んでいる人が、国会で活躍する政治家。政治は遠くない。むしろ普通の生活に裏打ちされているからこそ政治家として信頼できるゆえんであるとも言えるだろう。

彼女の存在が政治を身近に引き寄せ、女性たちに自信を与えていた。それが、この地域で女性首長が多く誕生する底流にあったと考えるのである。

先駆者たちからのバトン

中川智子氏は、土井たか子氏が社民党党首だった時代に衆院議員になり、宝塚市を地盤とした。まさに「土井チルドレン」だ。専業主婦だったが、1995年の阪神・淡路大震災ではボランティアとして活躍。給食の自校調理を求める市民活動にも携わった。1996年の衆院選で「市民派議員」として、辻元《つじもと》清美氏や保坂展人《のぶと》氏と共に当選する。薬害ヤコブ病の患者救済や身体障害者補助犬法作りなどに取り組む。2期務めて2003年の衆院選で落選し、国政を去った。しかし、2009年の宝塚市長選に立候補する。現職市長が連続して収賄で逮捕されるという異常な事態に、いてもたってもいられなくなったのだ。当選し、3期務めて引退した。

彼女は地に足のついた生活者である。社宅暮らしの専業主婦という経験もある。しかもその感覚を国政の場でも大事にした。高学歴、二世三世といったエスタブリッシュメントに囲まれても物怖《ものお》じせず、「自分は彼らの知らないことを知っている」と生活者である自分を誇りに思っていた。

そう、一般的に言って、女性は男性に比べ、日々の暮らしを大切にする生活者であって、中川氏の場合は生活者のプロだった。そしてそれは政治に役立つのである。しかも誤解を恐れずに言えば、彼女はコミュニケーション力抜群の「おばさん」（彼女の衆院選挙でのキャッチフレーズは「パワフルおばさん」）だった。国会の警備をする衛視には必ず挨拶して時にはおしゃべり。自民党の実力者にも直談判《じかだんぱん》する。そういったところも政治家に向いていた。

中川氏は1947年生まれ。土井氏と約20歳違う。さらに若い世代では、1972年生まれの稲村和美氏がいる。稲村氏は兵庫県議を経て2010年から2022年まで尼崎市長を3期務めた。

稲村氏が政治にふれた原点は、阪神・淡路大震災だ。神戸大学の学生で、ボランティアを経験、大学にボランティアセンターを立ち上げて代表となった。被災者の支援政策で、税金の使い方がおかしいと思ったことから政治に関心を持つ。証券会社に就職するが、4年で退職し、2002年に尼崎市長選挙に出馬した白井文《あや》氏の選挙を手伝う。翌2003年の兵庫県議選に、尼崎市選挙区から無所属で出馬して当選。議会でも完全無所属の1人会派として行動した。積極的に質問をし、本会議に出席すると一律に支給される交通費などの「費用弁償」は、「実態に応じて支払われるべき」として受け取りを辞退。制度の改正につながった。

自身は「リベラルな市民派」だったが、リアルな政治に取り組む中で、県議時代に保守系の議員ともネットワークを広げた。

「県議会には無所属の保守系議員たちがいました。同じ無所属ということで議員控え室が一緒でした。彼らは自分とは背景の違う人たちでしたが、保守系への印象が変わりました。地域をとりまとめて人望を集め、勉強をしていた。いろんなことを勉強させてもらいました」

財政再建もテーマとして取り組んだ。

稲村氏は「女性市長」としては白井氏という先達がいた。白井氏が2期の市議を経て尼崎市長を務めた時には、「女性ならでは」の苦労があった。市議時代は長老議員から「アイドルでええ」と言われ、市長選の街頭演説で財政再建を訴えると、「女に数字がわかるんか」と批判されたという。白井氏が2期で市長からの引退を表明すると、稲村氏は後継として2010年に出馬して当選。3期務めた。財政再建に取り組み、市政への市民参加を進め、治安の強化をはかった。財政再建への道筋をつけて引退した。「女性」という観点で見ると、白井氏と稲村氏では相当事情が違うようだ。稲村氏は「『女性』という意味でのやりづらさはなかった」と言う。

「白井さんがしんどい思いをしてくれたので。役所の職員たちも女性市長をすでに経験していましたし、男だから女だからと気にしたことはありません」。なので、稲村氏が市長を3期務めて引退する時も、後継候補は女性ではなくて男性だった（その人、松本眞《しん》氏は無所属で立候補し、日本維新の会公認候補を破って当選した）。

ただ、一般的に言って「女性は政治の世界でまだまだ少数派だから、必ず優秀であることを求められる。もちろん、優秀であるにこしたことはないけれど、男性で優秀じゃない人もたくさんいますよね」。

市議や首長など基礎自治体の政治に関わる仕事は、「女性に向いていると思う」と言う。「生活のすべてが政策に直結しているし、私生活を大事にしないと良い仕事ができない。転勤もないし、子育てと両立しやすい」

まず道を切り開く先駆者がいて、そのバトンが、次に渡される。先駆者は苦労を重ねるが、受け継ぐ者は同じ苦労を繰り返すことはない。あるいは、苦労ははるかに低減する。そして、その道が「普通」になり、他の道と同様になる。

稲村氏は2024年、パワハラ疑惑などで県議会にて不信任案を可決された斎藤元彦知事の失職に伴う知事選に出馬したが、落選した。

さて、もともと土井氏の地盤であり、日本で初の女性市長が誕生した芦屋市。その北村春江氏が3期で引退した後は男性が4期務め、2019年からは女性の伊藤舞氏が市長に。そして2023年には現職の伊藤氏に挑んだ26歳の髙島崚輔《りょうすけ》氏が勝利し、史上最年少の市長に就任した。他にも立候補者はいたが、実質的にはこの2人が軸の選挙であり、誤解を恐れずに言えば、女性候補と若者候補の競い合いという意味で「女子どものたたかい」だった。

つまり、「政治といえば男性（しかもおじさん）のもの」という既成概念がここで完全に消え去ったのである。

ここまでくれば、「女」も「子ども」（若者）も政治の道を行く、という選択肢が普通になる。先駆者たちが切り開いた道、土井氏が1969年に初当選してから半世紀以上たって、ようやくここまでたどり着いたのである。

広がるコミュニティ「男性だったら絶対に行かなかった」

女性が政治の世界に踏み出すと、そこにそれまで政治になんとなく関心があっても、投票に行く（しかも、そう思い入れもなく投票するから誰に投じたかもすぐ忘れてしまう）くらいだった女性たちを引き寄せる。日常の生活は政治に直結していると気がつき、より良い政治、政策へと変えるために彼女たちは動き出す。

第2章でも取り上げたが、２０２３年、30歳の時に世田谷区議選に立候補して当選した小野瑞季氏。彼女の周囲には多くの同年代の女性が応援に集まってきた。そのひとりが、かよさん（仮名）だ。かよさんは結婚を機に仕事を辞めており、今は子育て中の専業主婦だが、ちょうど自分の生き方についてモヤモヤを抱えている時だった。

「自分には娘がいるけれど、ふと振り返ると、自分は、娘にこう育ってほしいという女性像からかけ離れている。社会とのつながりが全くない。私の母はばりばり働いていたけど、私には狭い世界しかなくて自信がない。生き生きと行動している女性を娘に見せたい」

やがてＳＮＳで小野氏に行き着いた。

小野氏は途上国支援のコンサルタントを休職して立候補した。結婚して、夫と「どちらが夕食を作るか」と議論したことなどを通じて、ジェンダーや社会の構造に目が向くようになった。夫のイギリス留学に帯同した際は、コロナ禍だった。オンラインで受講した現地大学の公開講座の中に、ジェンダーやフェミニズムを扱う講義があった。小野氏は言う。

「衝撃を受けました。私は過去に性暴力を受けたこともあったんですが、それまでの人生で、なんでこうなんだろう、どうして？って思っていたことが、社会や政治のゆがみのせいだったんだ、日本は政治に女性が少なすぎるからおかしいことがおかしいまま、課題とすら思われなくなったと、すとんと腑に落ちたんです」

立候補に際しては、長時間労働の見直しや非正規労働者の雇用改善、困難を抱える女性が支援を得られる体制づくり、給付型奨学金や児童相談所の充実などの政策を掲げた。

そんな小野氏の政策に、かよさんは「政策もわかりやすいし、自分と同じ言葉で話せそう」と近さを感じた。小野氏は性暴力被害や子どもの頃の虐待などネガティブな経験もオープンにしている。そんなところにも好感を持った。

まずは彼女に会ってみたい――。かよさんは、事務所でお茶会をするという告知を見て、娘を連れて行ってみた。足を踏み入れるのは勇気がいった。こわごわ覗くと「いらっしゃーい」と女性たちが歓迎してくれた。「誰でもOKって書いてあったけど本当だった」と、かよさん。小野氏は、かよさんの話にじっくりと耳を傾けてくれた。「協力したい」。この人を応援し、行動を起こすことで自分が変わるかもしれない。自分が一歩踏み出した姿を娘に見せたい。

ビラ配りに商店街の練り歩き、街頭での演説……。

「自分たちが動くことで社会を変えようと思えばできる。そこに自分が参加していることがうれしい。社会とのつながりって仕事だけじゃないってわかりました」

最初は「ママ友に見られたらどうしよう」と身体《からだ》が固まったが、そのうち自分の住む地域でも堂々とビラ配りをするようになった。かよさんは「小野さんが男性だったら絶対に（事務所に）行かなかった。女性だから身近に感じられたし、共感できた」と言う。

応援した人が当選したことで議会のリアルを知り、疑問を抱いてさらなる行動へとつながる。杉並区の場合はこれが自らの立候補へとなった。そこまでいかずとも、政治のありようや政策に関心を持って行動を起こすことは、大きな変化だ。たとえ最初の試みはうまくいかなくても、今後につながるかもしれない。少なくとも、何もしないのとは大違いだ。いいことばかりではない。疲れもする。無力感もある。でも、一歩を踏み出している。

第5章　もっと女性議員を増やすには～海外編

究極の男女平等、ペア選挙～フランス

前章までで、女性政治家を取り巻く日本の現状や歴史、変化、女性政治家を増やすために各地で行われていることを述べてきた。本章では目を世界に転じて、海外では女性政治家を増やすために何をしているのかについてさらに具体的に見ていきたい。

強制的に男女同数にする究極の制度がフランスの県議選に導入されている。男女がペアを組んで立候補する制度だ。ペアに投票するのだから、当選するのは当然、男女半々となる。

フランソワ・オランド政権時の２０１３年に法改正され、男女ペアでなくては立候補できない制度が２０１５年に導入された。県議会はもともと小選挙区制だったが、選挙区の数を半分にして、１つの選挙区から１組のペアが選ばれるようにした。その前段としてまず、２００７年には、立候補する際に「補欠」を異性とすることが義務づけられた（フランスでは、補欠も一緒に立候補するのが通例である）。

男女ペアは同じ政党に所属している場合が多いが、違う政党の場合もある。選挙活動はふたりで一緒にする場合も、個別に動く時もある。当選後の議会における行動はそれぞれ自由で、議案採決の際の賛否も一緒でなくてもよい。選挙ごとにペアを替えるのも自由だ。

このドラスティックな制度によって、地方政治や政策はどう変わったのか。

制度導入直前の選挙で女性が1人も当選していなかった県、つまり女性議員が一気に議会の半数に増えた県が3つあった。そのひとつが、フランス南西部に位置するタルヌ・エ・ガロンヌ県だ。面積が小さく、人口も26万人あまり（ちなみにパリ市の人口は200万人以上だ）。主な産業は農業で、ブドウ畑やトウモロコシ畑など、のどかな風景が広がる。

この県の政界に長年にわたって強大な影響を及ぼしてきた存在が、「ベイレ一族」だ。県議会では長く女性ゼロが続いたが、実は唯一の例外もこのベイレ一族だった。

エブリーヌジャン・ベイレ氏は、1970年から1982年までフランスで女性として初めて県議会議長を務めた。フランスでは県議会議長が知事を兼ねており、その権限は強い。エブリーヌジャン氏の夫は1959年に亡くなったが、県議と選挙区が重なるヴァランス・ダジョン市の市長を兼務していた。夫の死後、彼女が後継者となった。

さらに、このベイレ夫妻の息子、ジャンミシェル氏も、1985年から30年にわたり県議会議長を務め、今も現役の県議だ。元老院議員や閣僚経験もあり、国政でも有名な人物である。1977年から2001年までと2020年から、ヴァランス・ダジョン市長を兼ねている。また、2011年には社会党の大統領選予備選に出馬し、大統領を務めたオランド氏に敗れた。

一族は地元紙「ラ・デペッシュ・デュ・ミディ」のオーナーでもあり、政敵を紙面で批判してきた。資産家で、地元には一族の名を取った道路や公共施設もある。

「彼は女性嫌いとして有名。私が当選した当初は、毎日のように新聞で攻撃されて大変だった」

タルヌ・エ・ガロンヌの県庁所在地モントーバンの女性市長、ブリジット・バレージュ氏はそう語る。20年以上にわたり市長を務め、2002年から10年間は国会議員を、2015年から6年間は県議を兼ねていた。

ジャンミシェル氏は県議会議長の時、男女ペア立候補制度に反対を唱えた。所有する地元紙でも反対の主張を載せた。だが、結局ペア制度は導入された。

県議会に激震が走ったのは、そのペア選挙の直後のことだった。制度に反対していたジャンミシェル氏だが、制度が導入されると、ある女性に声をかけてペアを組み、立候補して当選した。県議会の議長選には当選する見込みがないと考えたのか自らは立たず、別の女性を擁立した。

ところが、その女性が議長選に落選したのだ。

ある元県議は「システム・ベイレやベイレ王朝と呼ばれ、長年この地域を支配してきたベイレ一族の力が落ちたことを見せつけた出来事だった」と語った。バレージュ氏は「男女ペア制度がシステム・ベイレを終わらせたのです」と強調する。ペア制度の導入により、ペアを見つける作業の前に引退を選んだ男性議員もいた。

そして公然とベイレ一族を批判して当選した若い男性議員も現れた。

バレージュ氏の後押しを受けて、2015年の選挙で25歳の時に当選したマチュー・アルブーグ氏だ。アルブーグ氏は「ベイレ一族は自分の支持者しか相手にしない。男性の政治家はプライドとかメンツにこだわって対立することが多いが、女性は違う。だから県議会でも女性のほうが政治交渉もやりやすい」と話す。女性が増えたことによって県議会の権力構造が変わったのだ。

なぜ、男女ペア立候補制度が導入されたのだろうか。

もともとフランスも女性政治家が少なく、１９９３年の時点で下院（国民議会）の女性比率は６％に過ぎなかった。ＥＵ諸国の中でも少ないのが目立っていた。女性政治家や市民団体は女性を増やすことを求め、政党間でも争点に浮上した。

１９９９年に憲法が改正され、翌年には「同数」を意味する「パリテ」という言葉を使った通称「パリテ法」が制定された。政党は下院の選挙に際して男女同数を擁立することが義務づけられ、守らなかった政党には政党助成金を減額するという罰則が設けられた。

ただ、フランスは小選挙区制であり、必ずしも女性が半分当選するわけではない。女性比率はパリテ法導入の前に比べれば増えたが、２０２２年の総選挙後は約37％だ。県議会は国政にも増して女性比率が低く、１９９９年時点で1割を切っていた。「このままでは男女同数まで70年以上かかる」（２００８年に出された政府の報告書）との危機感から、強制的に男女半々にしようと、男女ペアという世界的にもまれな制度が導入されたのだ。

「法案審議の際は、むやみに女性を増やして政治の質を下げるとか、立候補できる女性がいないとか、批判や非難、冷笑や嘲笑の嵐だった」

パリテを監視する独立機関「女男平等高等評議会」（HCE）の会長を務めていたシルビー・ピエールブロソレットさんはそう説明した。今では「女性が増えて政治の質が下がった」といった議論はほとんど聞かれなくなったという。

女性にとっては、ペア選挙が政治の世界に出るハードルを下げるのは確かなようだ。

クリスティーヌ・テリエ氏とマリーアニエス・クロワー氏は、パリから電車で1時間ほどの距離にあるロワレ県の女性県議だ。2人ともペア選挙によって当選した。同県議会は、ペア制度導入直前に女性県議がゼロだったタルヌ・エ・ガロンヌほどではないが、制度導入直前の女性比率は約14％だった。

中学校の校長だったクロワー氏は、ペアの男性に声をかけられて出馬した。

「政治の世界に関心はあったけど、ペア制度じゃなかったら立候補しなかった」

子どもや障害者を支援するＮＰＯの仕事から転じたテリエ氏は「私は政治家になりたかったので、ペア制度じゃなくても立候補したと思うが、この制度じゃなかったら当選は難しかったと思う」と語った。

ふたりが声をそろえたのは「女性が増えて政策が変わった」ということだ。

「男性の関心は、道路や箱物といった公共事業が中心。でも障害者スポーツの促進や子どもの貧困、シングルマザーの支援などの政策が、女性議員が声をあげたことで次々に実現した」

ピエールブロソレットさんは「県議会の女性が半数になったことで、政策が変わるなど確かな成果を上げている」と評価する。HCEは2023年、国民議会でもペア制度を導入するようにエマニュエル・マクロン大統領に提言した。ピエールブロソレットさんはこう強調する。

「男女同数にするのには、ペア制度が最も効果がある。県議会でそれが実証されている」

優等生も昔は日本と同じだった～スウェーデン

男女平等の「優等生」として知られるスウェーデン。男女格差を測るジェンダーギャップ指数でも5位を維持している。2023年現在で290の市議会で女性議員の比率は平均43％。50％以上の市議会も37ある。トップのレーケベリ市議会は64％だ。そんな「先進国」も、かつては日本とよく似た状況にあったという。

国会議員や地方議員など政治家を40年務め、２０２３年にはカールスコーガ市議だったウーラ・カールソン氏が教えてくれた。

「私が政治家になったばかりの頃は、よく年配の男性政治家たちが夜に集まって、ウィスキーを飲みながら、あるいはサウナに集まって物事を決めていました」

どこかの国を想起させるような光景……。高級料亭やレストランの会合で政治家たちが意思決定をしている日本のような状況だったというのだ。サウナは男女別であり、そこで意思決定することが男性の権力の象徴になっていたという。

カールスコーガ市は、ダイナマイトを発明し、後に遺産でノーベル賞が創設されたアルフレッド・ノーベルが晩年を過ごした地で、武器製造で財をなしたノーベル由来の企業が今でもある。

「私自身は林業農家で、このあたりの地域に多い武器産業出身の政治家ではないので、深入りしなかったんですけどね」

ただ、女性や若い世代が増えるにしたがって、そういう夜の会合やサウナで物事を決めるやり方は少なくなっていったという。２０２３年現在、カールスコーガ市議会は女性が49％を占める。スウェーデンでは16人の地方政治家に取材し、全員に「レストランやバーで物事を決めることや、裏交渉はあるか」とたずねたが、「全くない。すべて議場で決める」という返事が圧倒的に多かった。

しかし、ベテラン政治家のカールソン氏の他にもうひとり、「サウナで物事を決めていたことは十数年前まであった」と教えてくれた男性がいた。女性比率がスウェーデンで最も高い64％のレーケベリ市議会の議員、バース・フォーク氏だ。といっても、政治家の話ではない。

「私は２０１０年に、誘われて労働組合の活動に参加したが、当時はサウナで意思決定することが多かった。でも自分はそういうやり方がおかしいと思ったし、最近では本当に少なくなりました」

これまたどこかで聞いたような話。労働組合の男性比率が高くて、物事をそのサークルの中で決めるのも万国共通なのだろうか。

他にも、スウェーデンと日本の「時差」を感じさせる話がある。

女性比率が55％と、全自治体の中で3番目に多いバルムド市。２０２３年の市議会に、女性市議が生後5か月の赤ちゃんを連れてきた。議場では、彼女が質問をする間は、議員たちが交代で抱っこをしていたという。

日本では２０１７年、熊本市議会に女性市議が乳児を連れて入ろうとして問題になったことがあった。その後、熊本市議会は、議員以外の入場を原則認めないように会議規則を変更した。

スウェーデンも昔から乳児を連れて議場に入れたわけではない。

「20年前にさんざん議論になりました。すごい数の問い合わせがあって、法的にどうなのかも検討しました」とスウェーデン地方自治体協会のレナ・リンドグレーンさん。

「その結果、何の問題もないということになりました」

そしてバルムド市議会のように、今ではごく当たり前に乳児を連れて本会議場に入るようになったのだ。政治の世界に女性が増えて多様になる。スウェーデンも時間をかけて現在のような状況になった。

スウェーデンの市議選の選挙制度は、基本的に政党に投票する比例代表制だ。内規で名簿の記載順を男女交互にしている政党はあるが、特に法律などで男女平等に関する規定はない。だが、多くの政党で男女半々程度にしている。男女交互にするというルールを持つ社会民主党も、その目的は「女性登用のためではなくて、男女同数というジェンダー平等のため」（バルムド市議のアンドリネ・ウィンター氏）である。

今では、与党の市議のトップが務める市長も、34％が女性だ。市議会の女性比率が1位のレーケベリ市の女性市長、キャロリン・イェルフォーシュ氏は「男性・女性を意識することは全くない」。3位のバルムド市の前市長で、市議を務めてきたデシーラ・フランコル氏も「私が女性だからという理由で投票してほしくない。それはある意味で女性に対する侮辱だと思う」とまで言う。

バルムド市議のアミー・クローンブラッド氏は、「私の祖母も市議で、第二次世界大戦後に政治家になったが、『部屋にたったひとりの女性で、孤独だった』とよく言っていました。今は男女半々が当たり前で、時代は変わったんです」と話す。

スウェーデンの地方自治体協会では、政治家向けのリーダーシップ研修を行っている。2007年から2010年にかけては、特に女性政治家向けに、市長や野党のリーダーとなることを念頭に置いた「トップ政治家」研修を開いた。「女性もトップ政治家をめざすことが必要だし、ネットワークを築くことが重要」（リンドグレーンさん）という問題意識からだった。ただし、2010年以降は「女性に特化する段階は終えた」として、基本的に男女一緒にセミナーを行っている。

セミナーに参加した女性政治家に話を聞いた。ユングビー市長を経てクロノベリ県議を務めるカリーナ・ベングソン氏。「グループでの議論などを繰り返す中で、リーダーシップなど自分が女だから悩むのかと思っていた問題が、男女共通なのだということがわかって、発見だった。自信を取り戻すきっかけとなった」と言う。

一般的に、女性のリーダーシップ研修などは、女性だけで行われることが多い。スウェーデンはその段階から一歩進み、男女一緒に研修を受けることで、女性がさらなる自信をつける機会を提供しているようだ。

とはいえ、女性政治家にまつわる問題が皆無になったわけではない。

「メディアは、男性政治家には、子育てや家庭生活と政治活動をどう両立しているのかとは聞かないのに、女性政治家には聞く」とベングソン氏。

地方自治体協会の調べでは、政治家へのハラスメントやソーシャルメディアによる脅しも、女性のほうが男性に比べて20%さらされやすかった。

そこで、２０２１年から政治家への研修にその対策を盛り込んでいる。日本でも女性候補者や議員へのハラスメントが問題になり、男女平等をめざす法律に防止が盛り込まれ、内閣府は防止用の啓発ビデオを作っている。

日本から見ると数十年先を行っているように思えるスウェーデンだが、現状に満足していない。カールスコーガ市議のジョナス・サンドストローム氏は、「ここでは与党と野党のリーダーは共に男性。それで真の男女平等と言えるだろうか？　それを常に自問する必要があると思う」と言う。

クオータ制は女性政治家の質を下げない～台湾

議席の一定数を女性に割り当てるクオータ制。日本ではその機運は高まっていないが、法律や政党による自主的な取り組みで、世界で100以上の国や地域が採用している。台湾もそのひとつだ。

台北駅から新幹線で南に40分ほど行ったところにある苗栗（ミャオリー）県。トマトやタケノコ、ブドウなど農業が主な産業の人口約53万人の街だ。そこに生まれ育った蕭詠萱（シアオ・ヨンシュワン）氏は、2022年、26歳の時に統一地方選で県議選に無所属で立候補して当選した。

親がボランティア活動に熱心で、自分も高校の頃からカフェの店員などのバイトで得たお金で、介護施設や児童養護施設におむつやミルクなどを寄付してきた。「もっと多くの人を助けたい」と立候補を決意した。

蕭氏はクオータ制の「女性枠」での当選だった。台湾の地方議会では、選挙区ごとに4つの議席のうち1つは女性でなくてはならないと定められている。蕭氏の選挙区の定数は8人だから、女性は少なくとも2人当選できる。蕭氏の得票数はすべての候補者の中で11番目だったが、5人立候補した女性の中では2番目に多かったため女性枠で当選できた。男性3人は彼女よりも得票数が多かったが、落選となった。

蕭氏は「クオータ制は、立候補を決めるために背中を押してくれた」と言う。彼女は今、選挙区を細かく回る日々だ。「父の日」の手作りケーキ体験会、学校の入学式に卒業式、赤ちゃんを迎えるための母親学級に父親学級……。ありとあらゆる地域のイベントに顔を出して有権者と言葉を交わす。「次の選挙は女性枠ではなく自力で当選したい」からだ。

自分より得票したのに落選した男性の周辺からは「こんな女の子に地元のことがわかるのか」などと陰口も聞こえてくる。

「自分の行動と、次の選挙の結果で示すしかない」

学校給食の推進や、高齢者の医療など、自分が力を入れる政策も進み、政治家の仕事に手応えを感じている。だからこそ、女性枠からの「卒業」が目標だ。

実際、蕭氏がめざしているように最初は女性枠で当選しても、その後は男性よりも得票して当選している女性は多い。

台湾第三の都市の高雄。市議会65人中25人が女性で、4割近くを占める。2022年の選挙では誰にも女性枠が適用されなかった。現在市議会議長の康裕成（カン・ユイチョン）氏は、1998年に民進党から初出馬した時に女性枠で当選した。だが2期目はトップ当選し、以降は女性枠を必要としていない。

弁護士をしていた康氏は「選挙に出るなんて考えてもみなかった」。クオータ制のことは意識しなかったと言うが、「私より票数の多い男性が落選して申し訳なく思った」。「弁護士はひとりひとりが相手だが、政治家は多くの人の声を政府に届けられる。規模が全然違う」と政治の仕事にやりがいを感じ、選挙活動に力を入れた。

冠婚葬祭はもちろん、医師会や弁護士会などの団体の会合に顔を出し、若い父母の多い子ども向けの本読み会や水遊びの会も主催する。

「選挙はこれまでの努力に有権者が共感してくれること。だから挑戦したいと思った」

台湾のクオータ制のルーツは、1946年に制定された憲法にさかのぼる。134条に「すべての選挙において、女性枠を設け、その方法は法律で定める」とうたわれていた。

「蔣介石《しょうかいせき》の妻だった宋美齢の後押しが大きかった」

女性の政治進出を支援するNPO「台湾婦女団体全国連合会」（婦全会）の代表で中山《ちゅうざん》大学教授の彭渰雯（ポン・イエンウェン）さんは、そう説明する。

憲法制定後、1949年に発令された戒厳令が解けたのが1987年。1991年に憲法が改正され、1992年に初の立法院（国会に相当）選挙があった。地方議会を対象にクオータ制が法律で制定されたのは1998年だ。その結果、地方議会で女性が占める割合は1998年に約18％だったが、2022年の統一地方選後には約38％に増えた。

では女性が増えると、政治はどう変わるのか。

台北市議会は地方議会の中でも一番女性の割合が高く、ほぼ半数の49％を占める。高雄市と同じく2022年の選挙では女性枠が適用されて当選した女性議員はいなかった。民進党の台北市議、簡舒培（チエン・シューペイ）氏は現在3期目。党から候補に選ばれる時には女性枠が適用されて立候補にこぎつけたが、本選での適用はない。簡氏が初当選した2014年、すでに台北市議会の女性の割合は3割を超えていた。だが、簡氏は「3割と半数では違う」と強調する。

「たとえば、台湾では高齢出産が多いが、女性議員が増えたことによって男性議員の意識が変わった。不妊治療の補助率の増額や、妊娠した女性の検診の補助などが実現し、今も卵子凍結の補助をしようとしている」

政治文化も変わったようだ。日本では政治家が夜の非公式な会合で意思決定をするのは珍しくない。「台湾でも1990年代には『裏庭交渉』と呼ばれていた」と、クオータ制について研究する台湾大学の黄長玲（ホワン・チャンリン）教授は指摘する。しかし、簡氏は「今の台北市議会では全くそんなことはない。議場ですべてが決まる」ときっぱり。

ただ、女性議員が私生活と仕事を両立するのは難しい面もあるようだ。簡氏は7歳と5歳の子どもがいる。

「民進党職員の夫と子育てを分担しています。私は議員になる前に結婚しましたが、独身で政治家になると、結婚するのは大変です」

日本でクオータ制についてよく聞かれるのが、「男性への逆差別」「女性議員の質を下げるのでは」という批判だ。黄教授は「クオータ制で女性が政治参加する機会を広げ、立候補する女性を増やす。それによって競争が生まれるので、質も下げず、逆差別にもなりません。クオータ制が女性議員の質を下げるというのは、非常にばかばかしい考え方だと思います。なぜ女性議員の質ばかり問われて、男性議員の質を問わないのかと言いたいですね。G20の国の中で、日本は女性政治家の割合が一番低いでしょう。日本の政治は、女性に挑戦する機会を十分与えてこなかったのです」と反論する。

「しかも、最初に女性枠で当選しても、その後、首長や小選挙区という、当選者が1人しかいない選挙に出て勝っている人もいます」

黄教授が強調するのは、「クオータ制は、家父長制的な社会構造での、女性への不公正や不平等な扱いを修正する機能を持っている」ということだ。

「今の社会構造は男性に有利にできていて、男性の利益を実現するようにシステムができている。政治の世界で言うと、女性が立候補しにくくなっているのです。女性は政治に向かないという根深い無意識の偏見があって、ジェンダーステレオタイプな見方が、女性が立候補する際のバリアーになってきたのです。クオータ制はこのバリアーを少しだけ取り除いて、女性が立候補しやすくします」

クオータ制で女性議員の数を着実に増やした台湾だが、立ち止まらない。今、黄教授らが主張するのは、現行の定数4人に1人ではなくて、3人につき1人を「別の性」にすることだ。女性が多数の場合は、「男性枠」となる。

クオータ制が取られていない首長も女性の割合が少ない。日本でいう村のような小さい行政区の長は、2023年現在、約19%が女性だ。「それでも増えたんです」と婦全会代表の彭教授。

「私たちは女性の首長を増やそうと、女性向けのセミナーをしています」

2日間の合宿を2回行い、1回目は首長の仕事の内容を学び、女性の首長経験者から話を聞く。2回目はチラシの作り方や挨拶のやり方など選挙の実践的な内容だ。

2018年の選挙前の女性の割合は約14％だったが、そのセミナーに参加した中から40人が立候補して13人が当選。女性の割合も約17％になった。2022年の選挙ではそのうち10人が再選し、他に15人が当選したという。

「まだまだ足りません。次の2026年の選挙に向けてもセミナーを開きます」

さらに先を見据えている。

女性議員と若者が動かした生理政策～アメリカ・カリフォルニア

女性議員が増えるとこんなふうに政策が変わるという例をもうひとつ、アメリカで紹介しよう。

カリフォルニア州では2019年に、若い世代と政治家が一緒になって、生理用品にかかっていた消費税を廃止する州法を成立させた。世界の政治で課題になっている「生理と貧困」への取り組みである。政策を推進したのは同州の下院議員だったクリスチナ・ガルシア氏だ。同氏は高校や大学で数学や統計学の教師をしている時に、地元自治体の汚職問題に取り組んだことがきっかけで政治の世界に入った。2022年まで、州下院議員を5期務めた。

同州では、買い物をすると原則として7％程度の消費税がかかる。食品など生活必需品にはかからないが、生理用品は生活必需品と見なされず、多くの州で消費税がかかっていた。「タンポンタックス」と呼ばれている。ガルシア氏は「毎月生理がくるたび、なぜ女性に生まれただけで税金を多く払わなければならないの、と腹立たしく思っていた」と言う。

生理用品を消費税がかからない対象にする州法を作ろうと準備していた時に、彼女のもとを女性の政治参加や政策提言に取り組むNPOの「Ignite」（「着火」の意味）が訪れた。彼女たちも生理用品の消費税撤廃に取り組み、いくつかの州で議員に働きかけていたのだ。

Igniteのディレクター、29歳のジョスリン・ヨウさんは、100人以上の若い女性を連れて州議会に出かけた。ヨウさんは、政策提言をする時の戦略を「同じ考えのＮＰＯなどと一緒に連合を作り、政策の実現を要望している人が多いという数を示します。そして、政治家の地元の選挙区の人たちもこんなに利益を受けるということを説明します」と言う。

ガルシア氏は彼女たちの訴えをしっかり受け止めて州法の改正につなげた。当初、同僚議員からは「なぜ生理なんかに取り組むの」と冷笑されたこともあったという。しかし、彼女には多くの若い女性が望んでいるという確信があった。

「生理の問題に取り組むのは恥ずかしいことでも何でもない。生理にまつわる問題が軽視されるのは、私たちの健康や身体が尊重されていないことの表れだと思いました」

多くの人に問題を認識してもらえるよう、タンポンを抱いたバービー人形「タンポンバービー」を持ち歩き、国際会議でも携えた。自らを生理用品の免税キャンペーンの「プリンセス」と称して必要性を訴え、自分の事務所には生理用品のオブジェを飾り、キャンディーポットにも生理用品を入れて、来客の注意を引くようにした。ＮＰＯの女性たちは、自分たちの生理についての問題点を語り、ＳＮＳで発信した。そんな努力の結果、議会でも賛同者が広がって、税制改正へと至った。

ネイティブ・アメリカン出身の女性政治家として

「女性」というよりも、さらに広い意味でマイノリティの代表者として活動している女性政治家がアメリカ中西部、ミネソタ州にいる。2024年のアメリカ大統領選で、ジョー・バイデン氏が不出馬を決め、カマラ・ハリス氏が出馬することになり、同州も脚光を浴びた。ハリス氏が同州知事のティム・ウォルズ氏を副大統領候補に選んだからだ。ハリス氏は8月にイリノイ州シカゴで開かれた民主党大会で大統領候補の指名を受けたが、その大会の共同議長を務めたひとりが、ペギー・フラナガン氏だった。

フラナガン氏はネイティブ・アメリカン出身のミネソタ州の副知事だ。アメリカでは今もネイティブ・アメリカンに対する差別が残るが、彼女はマイノリティの声や多様性を尊重する社会づくりの先頭に立っている。草の根の市民活動から政治家になった人物でもある。

父がネイティブ・アメリカンのオジブワ族だ。父母は幼い頃に離婚し、彼女は母と共に暮らした。父と再会したのはミネソタ大学に通っていた時だ。

「父は薬物依存症とたたかい、克服してから会うことができました」

政治の世界に飛び込むきっかけは、大学生だった2002年にさかのぼる。たまたまミネソタ州選出の民主党の上院議員、ポール・ウェルストン氏の選挙事務所の前を通りかかったことだった。

「私の中の何かが動いて、ふと事務所の中に足を踏み入れてみたんです。それが政治との出会いです。その後の私の人生の軌道を完全に変えました」

「ようこそ、ボランティアに来たの？」と迎え入れられ、チラシの封入作業を2時間手伝った。「本当に楽しくて、また行こうと思った」と言う。

ウェルストン氏は投票日を前に、飛行機の墜落事故で亡くなる。彼の遺志を継ごうと、地域の市民活動家を育てる団体「ウェルストン・アクション」が設立された。フラナガン氏も参加し、子どもの貧困や教育問題の他、ネイティブ・アメリカンの生活向上などにも取り組み始めた。

2004年、周囲に推されてミネアポリス市内の教育委員の選挙に立候補して当選した。

「日々の暮らしは政策に直結していると実感しました」

ネイティブ・アメリカンの人々に、選挙への立候補を後押しする活動も始める。

ウォルズ氏に初めて会ったのは2005年。彼がまだ政治家になる前だ。「ウェルストン・アクション」が開催していた政治家をめざす人たちのための研修で、フラナガン氏がウォルズ氏の指導役だった。

フラナガン氏はやがて、子どもの貧困対策に取り組むNPO「チルドレンズ・ディフェンス・ファンド」(CDF)のミネソタでのエグゼクティブ・ディレクターに就任した。自身も学生時代は家計が苦しく、昼食代の無料・減額制度の適用を受けていた。

「CDFに参加して初めて、食費に困っていた苦しい経験について安心して話せるようになりました。私が育ったような家庭や地域のために働きたいと思いました」

政党政治や政策形成に自分たちの声を反映させることがいかに大事か、自身の活動を通じて実感した彼女は、2015年にミネソタ州の下院議員に立候補して初当選した。

2期目の時、彼女のもとをウォルズ氏が訪ねてきた。保育の充実、有給の家族・医療休暇などについて話し合った後、ウォルズ氏から思いがけず、こう言われた。

「私がミネソタ州知事になったら、副知事になってもらえないか」

フラナガン氏は答えた。

「単なるお飾りにはなりたくありません。副知事になるならば、本当のパートナーになりたい。私が注力している政策を主導したい」

ウォルズ氏は「すばらしい、それこそ私の望んでいることだ」と応じた。

ミネソタ州では、知事候補が副知事候補を指名して立候補する仕組みだ。大統領選挙の際の、大統領候補と副大統領候補のようなイメージだ。ふたりは2018年知事選のキャンペーンで、州内のネイティブ・アメリカンの居留地11か所や、ネイティブ・アメリカンの公民権運動の中心のひとつだった「ミネアポリス・アメリカン・インディアン・センター」も含めて各地を回り、初当選を果たした。

2022年に再選。これまでに有給の家族・医療休暇を実現した他、幼稚園から高校でネイティブ・アメリカンに関する歴史上の出来事だけでなく、現状についても学ぶ教育政策を推し進めた。同州では2024年、州の旗を変更した。これまでの州の旗には半裸のネイティブ・アメリカンがデザインされていたが、それがなくなった。

フラナガン氏は言う。

「どんな立場にあろうと、私の天職は（弱い立場にある）人々が可視化され、その声が社会に届き、尊重され、守られ、信じられるために活動することです」

後押し、支援する力が大事～アメリカ、台湾

法律や条令など制度を改正するのは政治の力で、政策形成者である政治家に女性を増やすのが大事なことは言うまでもない。が、外側から政治家をさまざまな形で支援する人たちの存在も重要だ。

ＮＰＯなどの民間の団体である。孤独になりがちな女性政治家を応援し、選挙では一緒になって運動する。ＳＮＳなどを使い、政治家とつながり、応援しているということを可視化してさらにその輪を広げる。こういうことが問題になっている、こういう政策が必要だということを政治家にインプットする。

そのような機能は業界団体や労働組合が伝統的に果たしてきたが、女性支援の場合は政策の幅が広く、かつ女性関連のものであることが多い。一般的に言って、女性関連の政策はこれまで優先順位が低かった。生理政策などが典型的であろう。女性関連の政策につい

て声をあげる人も少なかったし、たとえいても、力を持たなかった。

政策を形成する、票とカネで結びついた政官財（財には業界団体や労働組合も含まれる）の「鉄の三角形」からはじかれていたのである。つまり、票にもカネにもならないテーマだった。

しかし、そのような既存の組織に属さない女性たちがSNSやネットなどでつながって声をあげやすくなり、それを受け止める女性政治家も出てきた。あるいはつながった中から政治の世界に踏み出そうという人も出てきている。

従来型の業界団体よりも縛りはゆるいかもしれないが、より自発的な意思で参加する、縦型の組織ではなくフラットなネットワークである。カネという利害関係で結びついていない、より開かれたイメージである。お互いに励まし合い、支援し合い、学び合う。日本で言えば前述の各種の政治スクールやネットワークがそうだが、海外でも同種の組織は存在している。

アメリカでは、老舗《しにせ》の民主党系団体「エミリーズリスト」がその代表格だ。１９８５年に創設され、寄付を集めて選挙に出る女性たちに配分し、選挙活動のやり方なども教える。

団体名は「早期の資金援助はイースト菌のように大きな成果をもたらす」(Early Money Is Like Yeast)の頭文字に由来する。

2017年のドナルド・トランプ政権発足以降、トランプ氏の女性蔑視的な姿勢が目立つからか、女性たちの政治への関心は飛躍的に増しているという。応援する女性は「プロチョイス」(女性の選択を尊重、人工妊娠中絶を容認)であること。2022年の中間選挙では地域レベルから州知事、連邦議会まで500人近い女性を支援し、8人の女性知事が誕生、4人の上院議員が再選し、36人の下院議員、353人の州や地域レベルの議員が当選したという。

台湾も、そのような女性支援のNPOやNGOの力が非常に強い。婦女新知基金会(「基金会」は、日本でいう「財団」)は、数々の女性政策実現を支援し、女性の暮らしに関する法律相談にも乗ってきた。ジェンダーに関心のある若者が集まり育つコミュニティでもある。

もともと1982年に女性の大学教授や弁護士によって女性の権利についての雑誌を出す出版社として立ち上がった。当時の台湾は戒厳令下にあり、自由にNPOを設立することができなかった。1987年の民主化後に改めてNPOとして再始動した。

役割のひとつがジェンダー政策の推進だ。2001年に制定された「性別平等工作法」は、就職や昇進などにおける職場での性差別を禁止した法律で、日本の男女雇用機会均等法や女性活躍推進法に相当する。これは、婦女新知基金会が中心になって法案のドラフトを作成したが、「台湾で初めてNPOが法案のドラフトを作成したケース」（理事長を務める洪恵芬［ホン・ホイフェン］東呉《とうご》大学教授）だという。

その他にも、セクハラ防止法や、立法院や地方議会におけるクオータ制導入、子どもが母の名字も受け継げるようになった民法改正（台湾は夫婦別姓）……。婦女新知基金会が後押ししたり、政治家に働きかけたりして実現した法律は多い。

議員との勉強会を開き、記者会見やSNSで世論喚起をする。「以前は議員を対象に政策の勉強会を開いても男性議員は全く来ませんでしたが、今では2割くらいが男性になりました」と、事務局長の覃玉蓉（タン・ユイロン）さん。

洪理事長らは大学教授としてもジェンダー政策を研究し、教えているが、それだけでは足りないのだろうか。

「全然足りません。社会全体を変えるには制度を作らないと。学生や研究者の間だけでなく、広く世の中に訴える。それはＮＰＯでないとできない」

婦女新知基金会はまた、創立以来、女性たちにジェンダーや家庭内のさまざまな問題について法律相談やカウンセリングを行ってきた。こういった現場での活動から課題を拾い出し、解決のための政策提言に結びつけている面もある。問題の上流から下流まで網羅して、解決に至らせるイメージだ。ホットラインの電話相談には、２０２３年は８００件以上の相談が寄せられた。

もうひとつ、同基金会が力を入れているのは後進の育成だ。理事長自身、学生の時に覃事務局長が講師をしていた授業を取って婦女新知基金会の活動を知り、関わっていくようになった。

「下の世代を育てるのは本当に大事です」

現在は大学生のインターンが３人、長期休みになると10人くらいがインターンとして働くのだという。

若い世代はなぜ婦女新知基金会に来たいと思い、何を吸収するのだろうか。

21歳の荘荷姸（チョワン・ホーイエン）さんは、政治学を学ぶ大学3年生。小さい頃からジェンダー問題に関心があったという。

「母方の祖父が亡くなった時、母が長女なのに遺産が2人の弟にすべていってしまったんです」

台湾では法律上、親が亡くなった時には子ども全員で等分に相続することになっている。だが実際には、こういうことはよくあるのだと洪理事長が補足説明してくれた。

「母は、『悔しいけど面倒だから』とあきらめてしまって。以前はみんなで新年のお祝いを一緒にしていたけれど、それがあってからは集まっていません」

大学生になって、どこかでインターンをしたいと「女問題」「ボランティア」でネット検索して出てきたのが婦女新知基金会だった。

「サイトを見たら、若いボランティアを育てる姿勢を強く感じられて、いいなと思いました」

もうひとり、蔡芝娟（ツァイ・チーメイ）さんは弁護士をめざして法律を学ぶ大学4年生の22歳。やはり育ってくる中で、ジェンダーに向き合わざるを得ない出来事があった。

「父母が離婚して、私は父と暮らしていたんですが、時々会っていた母にボーイフレンドができて、その人から性被害を受けました。小学生の時のことです。その時は何なのかわかりませんでした」

成長するにしたがって、「自分はなぜこんなことをされたのか」とあれこれ調べる中で、「自分だけではなくて、実は多くの人がこういった目にあっているということがわかったんです。なぜだろう、その答えを探したい、と思う中で、この団体に出会いました」と語ってくれた。

ふたりはインターンとして、同会の制作するポッドキャスト番組の宣伝や各種調査、読書会などを行っている。ここに来て何が良かったかをたずねた。

「一番良かったのは、自分が悩んでいたジェンダーに関する問題について、実は結構みんなも共通した経験があって、共有できたことです。そして議論したり学んだりする中で、自分の個人的な経験も、政治や社会の構造的な問題とつながっているんだとわかったことです」と蔡さん。

荘さんは「多くの女性の当事者について知る機会があって、とても多くのことを考えさせられます」と答えてくれた。

ふたりとも、大学でジェンダー問題について論争をしたことがあった。テーマも共通で、生理休暇と兵役義務。荘さんは言う。

「男性から生理休暇や男性のみの兵役制度について、逆差別で、自分たちも休みたいし、女性も兵役につくべきだと言われました」

周囲の学生は企業でインターンをする人が多く、ＮＰＯやＮＧＯを選ぶ人は非常に少ないという。ふたりは、日常生活の中でジェンダー問題について実感して葛藤し、ＮＰＯで活動する中でそれが社会や政治の構造問題だと気づいた。社会に出ても、ＮＰＯの活動は続けたいと話してくれた。婦女新知基金会の年間予算は８００万台湾ドル（約３８００万円）で、９割は寄付だ。民が民の活動を支え、社会を変える活動を後押ししている。

第6章　国政は変わるのか

女性は最強コンテンツ

ここまで、今、日本の国政や地方のあちこちで起きている「女性と政治」をめぐる変化、さらにはグローバルに、政治の世界に女性を増やすために何が行われているのか、増えたら政治や政策がどう変わるのかを見てきた。最終章である第6章では、今後の日本を展望して、女性政治家が増える可能性があるのかを世論や政党の変化、選挙制度などから探り、女性が政治の世界に増えるとはどういうことなのかを論じていきたい。

日本のさまざまな場所で、女性政治家が求められている様子をこれまで見てきた。2024年4月に行われた衆議院の3つの補選でも、女性が立候補しなかった1つの選挙区を除き、2つの選挙区で女性が当選した。

ひとつは東京15区、もうひとつは島根1区である。都市部と地方で対照的な選挙区ではあったが、もともと自民党の男性議員が占めていた議席で、どちらも立憲民主党の女性候補が勝った。

東京15区は自民党の議員がスキャンダルで辞任し、同党から候補は擁立しなかったが、立憲民主党、日本維新の会、参政党の国政に議席を持つ政党からは女性が立候補し、他の女性立候補者もいたが、立憲民主党の酒井菜摘《なつみ》氏が勝った。同年10月の衆院選では自民党からは25歳の男性が出馬し、こちらも酒井氏が制した。

島根1区は長らく議席を占有していた細田博之元衆院議長の死去によるもので、細田氏は父から地盤を引き継いだ二世議員だった。この補選で勝った立憲民主党の亀井亜紀子氏も、父がもともと自民党から国民新党へと転じた衆院議員で、二世政治家である。その後、同年10月の衆院選にて自民党は島根1区で女性候補を擁立したが、亀井氏が勝った。

野党の女性が現職でいる選挙区に、自民党が新顔を立てる場合、女性候補を当ててくる例は他にもあった。東京都杉並区の東京8区である。2024年の衆院選では立憲民主党の現職、吉田晴美氏が勝った。

2024年7月にあった東京都知事選では、小池百合子氏が3選を果たした。だがここで注目されるのは、ほとんど無名の広島県の安芸高田《あきたかた》市長であった石丸伸二氏が165万票以上を獲得し、蓮舫氏を押さえて2位だったことだ。この事象も「なぜ今、政治の世界で女性が好まれるようになってきたのか」ということを考えると共通性が見えてくる。

石丸氏は、安芸高田市長であったわけだが、YouTubeやTikTokなどのSNSを活用して全国的に知名度を上げた。都知事選でもSNSを徹底的に活用した。石丸氏は2020年に安芸高田市長に立候補するまでは大手銀行に勤めており、政治の世界の人間ではなかった。安芸高田市長選は、2019年にあった参院選で、当時衆院議員だった河井克行《かつゆき》氏から現金を受け取ったとして市長が辞職したことに伴うものだった。そこで彼は副市長を破って当選した。職業政治家の汚職や堕落がきっかけの選挙だったこともあり、政治の世界からより遠そうに見えつつ、民間企業でのキャリアはある石丸氏が選ばれたのである。

ここに女性たちへの期待とパラレルなものがあるのではないだろうか。

これまで見てきたように、歴史的に女性たちは政治の世界から排除されてきた。そこは「年長の男性」に占められていた。だが、それによって政治が良くなったとは思えず、既得権にまみれ、改革はなされず、停滞してもうどうしようもないところまできている。そこを変革する（と、期待できる）のは、政治の世界の新参者で、かつ他の世界でそれなりの経験を積み重ねた知見がある人。それが各地で当選した女性たちや石丸氏との共通点なのではないか。女性の場合は「生活者」の度合いが高いということもプラスであるだろう。

それを考えると、都知事選で石丸氏が蓮舫氏よりも支持を得たのも理解できる。確かに蓮舫氏は女性ではあるが、政治の世界での経験が長く、「職業政治家」である。清新さや思い切った改革ができるかと言えば、より政治家から遠かった（しかも他の仕事でのキャリアがある）石丸氏のほうが期待できる、と思われた面もあったのではないだろうか。

他の選挙における、男性と女性への期待がここでは逆転していたのかもしれない。SNSの効果的な使い方など、石丸氏の票が大々的に伸びたのは他にもいろいろと理由はあるが、少なくともこの政治への距離感や改革への期待もそのひとつだったのではないか。

日本人が望む具体的な政治家像とは

女性政治家への期待の高さを裏付けた調査がある。

「ジャパン・バロメーター」という、社会科学の知見を取り入れた世論調査だ。スタンフォード大学アジア太平洋研究センターの日本プログラム所長である筒井清輝《きよてる》教授と、ダートマス大学のチャールズ・クラブツリー助教授が中心となって、日本の社会、政治、経済などさまざまなテーマでインターネットを利用した調査を行い、2022年11月の第1回調査の対象は約8000人と、当時日本最大級である。通常の世論調査と違い、あえて「前提条件」を加えることで、「世論はどういう時に動くのか」を深掘りできるのが特徴だ。

第1回の調査では、ジェンダーや現代日本政治について扱ったが、「次の衆議院（参議院）選挙にあなたの支持政党から立候補してほしい候補」として、以下の6つの「属性」について質問した。①年齢（32歳から10歳きざみで82歳まで）、②性別、③婚姻、④子どもの数、⑤学歴、⑥職業経験（財務・経産・外務官僚、企業経営者、知事、地方議員など10種類）。

質問では、この6つの属性をランダムに組み合わせて「候補者像」を2つ作り、二者択一形式でどちらかを選ばせる。選択肢を変更して同じ設問を計10回繰り返し、すべての調査対象者から得られたそれらの回答を集計、分析する。手法が複雑なのは、統計学的にはそうすることでより回答者の「本音」（世論）に迫ることができるからだ。

分析の結果、最も回答が多かった属性の「組み合わせ」、すなわち回答者が考える「理想の候補者像」は以下の通りだった。

性別：女性

年齢：32歳と42歳

職業：知事や企業経営者

ここから、世論は30～40代の女性のリーダー層に政治家になってもらいたいということが推測できそうだ。回答者の75％が「日本の国会で女性議員を増やすためにもっと努力がされるべきだ」という意見に「賛成」だった。

また、性別や年齢層、支持政党や政権の支持の強弱にかかわらず、ほぼすべての回答者が男性の政治家より女性の政治家の誕生を支持し、日本はすでに多様性があると評価している層でも女性候補が望ましいという答えが多かった。筒井教授は「ポーズとしてではなく、より本音で女性を支持している層が日本には相当程度おり、女性候補を擁立すれば当選する確率が高いといえる」と分析する。

逆に、支持が弱い組み合わせは以下の通りだった。

性別：男性
年齢：72歳と82歳
職業：テレビコメンテーターや議員秘書、財務官僚

世論は高齢の男性政治家を望んでおらず、しかも国政に近い職業の人々も一般的に望まれていないということが推測できそうだ。

この調査の結果は、前述してきたように「政治に遠い」象徴として女性が好まれている、という点とも合致する。しかもそれなりのキャリアを積み重ねてきた人がより好まれるのである。

なお、ジャパン・バロメーターは2024年9月末から10月初めにかけて、改めて同様の調査を行った。今回の調査対象者数は9700人以上である。

「理想の候補者像」は2022年同様、性別は女性で年齢は32歳と42歳、職業は知事や企業経営者だった。女性への期待は変わらず高く、実際、その後に行われた衆院選では、前述の通り女性の当選者の割合が過去最高の15・7％にのぼった。

聞き方次第で変わる「選択的夫婦別姓」への答え方

この調査では選択的夫婦別姓についても調べている。2024年の自民党総裁選で、小泉進次郎氏が「1年以内に国会に法案を提出する」と明言したことで改めて争点に浮上した。合わせて紹介したい。

選択的夫婦別姓については政府が継続的に調査を行ってはいるが、2017年までと2021年では選択的夫婦別姓制度に関する質問の項目や聞き方を変更した。その結果、2017年の前回調査で過去最高の42・5%だった選択的夫婦別姓制度への賛成者は、2021年の調査では過去最低の28・9%にとどまった。

そこで2022年に実施したジャパン・バロメーターの調査でも、2017年までの設問方式と、2021年の設問方式でそれぞれ聞いた。2021年の内閣府の調査では、選択的夫婦別姓への賛否を聞く前に、これまでにない「資料」が添付され、それを読んだうえで答えるようになっていた。

「資料」には、2つの表が載っている。ひとつは「夫婦の名字・姓に関する参考資料」というもので、現在の夫婦同姓制度と、選択的夫婦別姓制度と、旧姓の通称使用についての法制度をそれぞれ説明している。もうひとつの表は選択肢についての説明で、横軸では「夫婦同姓制度を維持」と「選択的夫婦別姓制度の導入」に分け、縦軸では「旧姓の通称使用についての法制度を設ける必要」について「ない」と「ある」に分ける内容だ。

そのうえで、2021年は「現在の制度である夫婦同姓制度を維持した方がよい」「現在の制度である夫婦同姓制度を維持した上で、旧姓の通称使用についての法制度を設けた方がよい」「選択的夫婦別姓制度を導入した方がよい」の3つから選ぶ。

一方、2017年までの設問は「現在は、夫婦は必ず同じ名字（姓）を名乗らなければならないことになっていますが……」と現行制度と、選択的夫婦別姓の制度を説明したうえで「婚姻をする以上、夫婦は必ず同じ名字（姓）を名乗るべきであり、現在の法律を改める必要はない」「夫婦が婚姻前の名字（姓）を名乗ることを希望している場合には、夫婦がそれぞれ婚姻前の名字（姓）を名乗ることができるように法律を改めてもかまわない」「夫婦が婚姻前の名字（姓）を名乗ることを希望していても、夫婦は必ず同じ名字（姓）を名乗るべきだが、婚姻によって名字（姓）を改めた人が婚姻前の名字（姓）を通称としてどこでも使えるように法律を改めることについては、かまわない」の3つから選ぶ。

ジャパン・バロメーターの調査の結果、2021年方式では、「現在の制度である夫婦同姓制度を維持した方がよい」が30％、「現在の制度である夫婦同姓制度を維持した上で、旧姓の通称使用についての法制度を設けた方がよい」が39％、「選択的夫婦別姓制度を導入した方がよい」が30％となった。

一方、2017年方式では、「婚姻をする以上、夫婦は必ず同じ名字（姓）を名乗るべきであり、現在の法律を改める必要はない」が23％、「夫婦が婚姻前の名字（姓）を名乗ることを希望している場合には、夫婦がそれぞれ婚姻前の名字（姓）を名乗ることができるように法律を改めてもかまわない」が57％と過半数を占め、「夫婦が婚姻前の名字（姓）を名乗ることを希望していても、夫婦は必ず同じ名字（姓）を名乗るべきだが、婚姻によって名字（姓）を改めた人が婚姻前の名字（姓）を通称としてどこでも使えるように法律を改めることについては、かまわない」が19％だった。

つまり、2017年方式では、選択的夫婦別姓に賛成する人が57％と過半数を占め、最も多かった。2021年方式は、2017年までと違う質問の仕方となり、しかもそれが通称使用への支持を増やすよう誘導するものであったと批判された。

この調査の結果は、同じ時にランダムに2017年方式と2021年方式を回答者に割り当てても、2021年方式の結果のほうが通称使用への支持が高くなることを示している。そのため、2021年方式の結果を引用して、通称使用への支持のほうが選択的夫婦別姓への法改正より支持が高いという議論には注意しなければならない。

朝日新聞の報道（2022年3月29日）によれば、2021年に調査方式を変えた際には、当時の担当相である野田聖子男女共同参画相が、調査結果を公表した2022年3月、「通称使用の法制度という実態がないことが設問になったことに疑問を呈している」と述べている。

同じく朝日新聞の報道（2022年8月22日）によれば、調査の質問項目や形式を決める際にも、野田氏は質問案を提示した法務省に対し異論を述べた。内閣府も通称使用についての質問の削除や変更を求めたものの、法務省は拒否したという。法務省のこのような対応の背景には、自民党内の選択的夫婦別姓反対派への配慮があると見られる。

2024年の衆院選では自民党が議席数を大幅に減らし、少数与党となった。立憲民主党をはじめ野党は、選択的夫婦別姓を実現する好機だと見ている。ジャパン・バロメーターは2024年秋の調査でも、2022年の調査同様、選択的夫婦別姓について、回答者に政府の2017年までと2021年の調査の2通りの聞き方をランダムに割り振って質問した。

結果は、2021年方式では、「現在の制度である夫婦同姓制度を維持した方がよい」が26％、「現在の制度である夫婦同姓制度を維持した上で、旧姓の通称使用についての法制度を設けた方がよい」が38％、「選択的夫婦別姓制度を導入した方がよい」が36％だった。

一方、2017年方式では「婚姻をする以上、夫婦は必ず同じ名字（姓）を名乗るべきであり、現在の法律を改める必要はない」が21％、「夫婦が婚姻前の名字（姓）を名乗ることを希望している場合には、夫婦がそれぞれ婚姻前の名字（姓）を名乗ることができるように法律を改めてもかまわない」が59％、「夫婦が婚姻前の名字（姓）を名乗ることを希望していても、夫婦は必ず同じ名字（姓）を名乗るべきだが、婚姻によって名字（姓）

を改めた人が婚姻前の名字（姓）を通称としてどこでも使えるように法律を改めることについては、かまわない」が20％だった。つまり選択的夫婦別姓に賛成する人が59％にのぼった。

従って、2021年方式の質問の仕方のほうが、選択的夫婦別姓に賛成する人が少なくなるという結果だった。これはジャパン・バロメーターの前回2022年調査と同様であり、政府の2021年調査で選択的夫婦別姓の支持が少なくなったのは質問の仕方を変えたためと言うことができる。

さらに、今回独自の調査として、実際に選択的夫婦別姓制度が実現したら、配偶者の姓とは異なる自分の旧姓の使用を続けたいかたずねた。すると、女性の回答者の間では「選ぶ可能性が高い」と答えた人は21・3％、「どちらとも言えない」は23・5％、「選ぶ可能性が低い」は55・2％となった。

夫婦別姓を選びたいという女性は2割程度だった。この結果を、筒井教授は「年配の人やすでに結婚して今の制度に慣れている女性も多いので、そういう人たちからは今から夫婦別姓を選ぶという答えは出にくいであろう。選ぶ人が2割程度というのは、不自由を感じている女性が2割も存在するということなのでなんらかの法制化の根拠にはなりえるし、一方で女性の大部分が夫婦別姓を選ぶというわけでもないので、一部の保守派が心配するような家族制度の急速な崩壊という事態も考えにくく、法改正の実現を後押しするような結果かもしれない」と見ている。

自民党でもこんな議員が出てきた～「超保守」の地から

さて、これまで女性擁立に積極的とは言えなかった自民党。しかし「勝つ」ためには何でもするのがこの党のしぶといところ、強さでもある。ただ、「勝つ」ためだけに女性候補を増やし、本音では女性の活躍や男女平等、これまで拾い上げてこられなかった女性関連の政策、特に人権関連の政策実現については積極的ではないのでは……と思われる点も多かった。

しかし、そんな自民党にも自然に、かつ積極的、戦略的に女性政策について取り上げる若手議員が出てきた。鹿児島1区を地盤とする宮路拓馬《たくま》衆院議員である。2024年の衆院選で比例復活当選ながら4選を果たした。

1979年鹿児島県生まれ。東大卒で総務官僚出身。父もまた衆院議員だった宮路和明氏である。いわゆる「二世」だが、鹿児島県は2017年から選挙区が1つ減って、拓馬氏も父の選挙区を直接受け継いでいない。しかも、減区のために鹿児島1区の自民党の公認候補となるまでは、同じ選挙区内で自民党内での公認争いがあった。相手も二世であった。それが彼の政策選好にも大きな影響を与えている。

宮路氏は、生理や更年期といった女性の健康問題を最新のテクノロジーで解決しようという「フェムテック」推進を掲げる。2020年に「フェムテック振興議員連盟」(会長：野田聖子衆院議員)を設立して事務局長に就任した。オンライン診療に関心を持ち、そこからフェムテックに出会ったという。以前に比べてだいぶ「生理」に対するタブー感は減ってはきたものの、男性の政治家が掲げるにはかなり勇気が必要そうだ。

加えて宮路氏は、障害のある人の性被害の問題にも取り組んでいる。とても大切な、そして深刻な問題だが、率直に言って、自民党だけでなく野党の関心も高いとは言えない。

宮路氏は、当選1回目の時に法務委員会に所属し、110年ぶりの刑法改正で性犯罪の厳罰化がなされたのを目にする。その頃、この問題に取り組むNPOの訪問を受け、「ひどいことをされても、声をあげづらい弱い立場の人たちがいる」ことに心を動かされる。「政治家のやるべきこと」だと自民党の「性暴力のない社会の実現を目指す議員連盟」に入り、「障がい者等に対する性暴力問題を考えるプロジェクトチーム」の座長になった。

勉強会を重ね、障害者への性暴力の対策強化と代表者聴取を求める提言をまとめた。議連会長で法相経験者の上川陽子衆院議員の後押しもあり、内閣府が2020年に定めた「性犯罪・性暴力対策の強化の方針」に代表者聴取が盛り込まれた。代表者聴取とは、障害のある人が性被害を受けた時に、原則的に1人の捜査官が事情聴取を担うやり方だ。繰り返し聴取される精神的負担を減らし、供述の変遷を防ぐ目的である。2021年からモデル実施が始まった。

宮路氏がこういった問題に取り組むルーツはどこにあるのか。もともと、大学の時に手話サークルに所属していて、障害者の友人もいた。なぜ手話サークルに入ったのか。取材の際に失礼を承知で、「かわいい子がいたからとか……」とたずねてみると、「その通りです」。でも、そこで障害者だからといって決して「かわいそう」ではないことを知る。「もちろん、障害は大変だし、マイナスです。そこを社会で補う必要がある。けれども、障害があってもかっこいい人はたくさんいます」

今でも彼は手話ができる。加えて背景に選挙区事情もあった。前述の通り、宮路氏は、選挙区が減って再編された結果、他の自民系候補と公認争いになった。

「建設などの伝統的な支持団体は相手側につきました。自分も農林部会に積極的に参加するなど地元に必要な政策はおさえていましたが、女性や障害の問題は開拓の余地のある分野だと考えたんです。言ってみれば、女性や障害者の政策は、競争相手の少ない、開拓しがいのあるブルーオーシャンだと思えました」

確かに、競争相手が少ないという意味ではブルーオーシャンだった。だから議連やプロジェクトチームを作っても、初期の頃は、他に政治家が来ないこともよくあった。「自分で司会をして、質問をして、官僚や民間の専門家から話を聞いて、自分でまとめる」場面も珍しくなかったという。

地元の反応はどうだったのか。

さすがに「生理の話など、最初は気持ち悪いと思われないか怖かった」と言う。まずは女性たちの集まりで女性や性暴力、障害の問題を取り上げてみた。すると「次第に女性たちがみんな身を乗り出して、世代を超えて聞いてくれた」。

次に、男性たちの会で話してみた。

「地元でミニ集会に来てくれる年配の男性はほとんど、性被害の問題を知りません。でも身近な被害の例として、どれだけの女性が痴漢にあっているかを説明すると、急に聞き方が変わります。生理についても取り上げてみました。どれだけ理解してもらったかはわからないけれども、こういった政策は多様で公正な社会のために必要。人口減で、働き手もいなくなっている。誰もが最大限の力を発揮できることが求められている。そういうふうに表現すれば、大事なんだなと伝わる。伝え方次第だと思います。女性でも人前で話すことがはばかられるような生理や更年期といった問題を、男性で、自民党で、しかも男尊女卑の空気がまだあると言われる鹿児島の議員が語ることが重要なんだと思います」

結局、公認を得て、2021年の衆院選では小選挙区でも勝った。今では、自民党で女性政策、と言えば宮路氏の名前が出てくるようになった。ブランドが確立されたのである。ブルーオーシャン戦略は功を奏したのだ。

そして、「男尊女卑の空気がまだある」鹿児島県の政治土壌も変わりつつある。202

3年の統一地方選での鹿児島県議選では、定数51人中、過去最高の11人の女性が当選した。5人から倍増以上となり、女性が2割を占めたのである。自民党は38から33議席となったから、宮路氏にとっては打撃ではある。だが、女性が増えた要因として、今の政治状況を取り巻く全体の世論の動向に加え、宮路氏のような女性問題に力を入れる自民党の男性議員が出てきたことも影響しているだろう。第4章で取り上げた「鹿児島県内の女性議員を100人にする会」の平神純子氏のような草の根の活動の影響ももちろんある。

2024年4月に行われた鹿児島市議選でも定数45人中女性の当選者が過去最多の12人にのぼった。こちらも自民党は21人の候補のうち4人（全員男性）が落選し、改選前から3つ議席を減らした。立憲民主党は女性5人を擁立、現職の1人が落選したが新人を含む4人が当選している。

「エマージェンシーの変容」～自民党の変化、女性3割

これまで見てきたように、全国各地で女性議員が増えつつあり、都市部から地方まで、変化の芽は着実に出ている。そして自民党は変化のにおいを敏感にかぎ取り、まだまだ不

十分ではあっても、戦略的に女性候補を擁立し始めた。

自民党は2023年6月、国政での自民党女性議員の割合を今後10年で30％まで引き上げる目標を設定した。党改革本部が、「多様な人材の育成と登用プロジェクトチーム」がまとめた基本計画を了承したのである。

そのための具体策として、衆参両院の比例代表での女性候補の積極擁立や「女性候補者支援金制度」、都道府県支部連合会への「女性候補者奨励金」の創設などを盛り込んだ。衆院の小選挙区や参院の選挙区は埋まっていることが多く、また選挙戦も激しくて最初はハードルが高いので、まずは比例代表で議席を得て、現職として活動しながら選挙区への転身をめざすというのだ。

自民党は勝つため、生き延びるためなら何でもする。いわば集団生存本能とでも言うべきもので、それが長らく政権政党である秘訣《ひけつ》である。

かつて自民党が女性候補を擁立する時は、世襲など以外では「エマージェンシー＝非常事態」であることが多かった。つまり、何らかの事情があって（すなわち非常事態）、男性で立候補する人がいない。そのため、半ば、ばくちで女でも立ててみるか、というような状況だったのである。不祥事が起きた後で女性のほうがクリーンなイメージだから、他党が強くてなかなか勝てないから、男性で立つ人がいないから——そんな場面である。

今でもその状況は変わっていない。

たとえば、北海道8区は、旧民主党や立憲民主党が非常に強い地域である。1996年に衆院選で小選挙区比例代表並立制が実施されて以来、2021年までに小選挙区で自民党が勝ったのは2012年の1回だけである。その地域に、落下傘候補として自民党から女性の向山淳《むこうやまじゅん》氏が擁立され、2024年の衆院選で比例復活ながら当選した。2021年の衆院選で石原伸晃氏を破って吉田晴美氏が当選した東京8区、2024年の補選で立憲民主党の亀井亜紀子氏が勝った島根1区にも、自民党はそれぞれ女性候補を擁立したが、落選した。

今後10年で3割まで増やすというのは、相当な規模となる。2025年1月の時点で自民党の女性国会議員は衆院19人、参院22人で、比率は衆院が9・7%、参院が19・3%に過ぎない。が、全国各地を見回した時に、女性が当選しやすくなっているというのは、選挙結果を見ても、またジャパン・バロメーターのような調査を見ても明らかである。自民党の生存本能はそれを敏感にかぎつけているのである。

持続可能ではない地方議会

今後を展望するにあたって、選挙制度の改正についてふれたい。まずその第一は、国政における、前述のクオータ制だ。議席の一定割合を女性に割り当てる制度である。政党の自主的なものや地方選挙も含めて、世界の100以上の国や地域で採用している。日本には全くその機運がない。

しかし、ここに来て変化の兆しがある。自民党の「次世代リーダー」と目される衆院議員、福田達夫氏、大野敬太郎氏、そして小倉将信《まさのぶ》氏が、『文藝春秋』2024年9月号への寄稿で、女性議員を増やすため、党内でのクオータ制の導入を提言したのだ（「次世代」といっても40、50代であり、世間から見れば中堅からベテランである。それをもってしてもいかに永田町が世間と乖離《かいり》しているかわかるのだが……。その後、小倉氏は体調不良を理由に2024年の衆院選に立候補しなかった）。

ただ、クオータ制といっても、この提言で掲げられた数字は比例単独候補での30％である。そもそも同党で比例単独候補というのは多くない。小選挙区での復活当選組よりも名簿での順位を高くしなければ、自民党が大勝しない限り当選の確率は低いので、効果がどれほどあるかは疑問である。

合わせて、比例名簿の単独1位を女性にすることを提言している。最初は比例で優遇してその後は小選挙区に転身して後は自力でがんばってください、ということであれば政治家として持続的な活動ができるし、公平性の観点から見ても、優遇は初回のみということで理解も得やすいと考えたのではないだろうか。しかし、比例で優遇して1回当選して、後は知らない、次の人と交代、ということであれば、政治家を育てようという意思はなく、単なる目を引くだけのお飾りのような存在となる。

制度改正で、もうひとつ有効だと考えられるのは、地方選挙制度である。再三述べてきたように、各地の地方議会では女性が増えつつある。すでに過半数になった議会もある。しかし、総体で見ればまだまだ女性は少ない。

朝日新聞の報道（2023年6月5日）によると、2023年の統一地方選の結果、当選者は計1万4818人。女性は2943人で、全体の19・9％だった。2015年の14・

1％（２１５８人）、２０１９年の16・３％（２４５１人）から着実に増えている。それでもなお8割は男性だ。しかも、まだ女性がいない、あるいは1人だけという「女性ゼロワン」議会も結構ある。女性ゼロ議会は89（11・９％）、女性が１人だけの議会は１２６（16・９％）。女性がゼロか１人の「女性ゼロワン議会」の割合は、改選のあった計７４６議会の28・８％で、２０１９年より７・２ポイント、２０１５年より13・２ポイント減ってはいる。

今、日本の地方議会は女性だけに限らず、多様性がなく、なり手も減り、有権者の関心も減るという負のループに陥り、深刻な状況にある。無投票の選挙区が増えており、特に都道府県議では深刻だ。市町村議選は、その自治体全域を選挙区とするが、都道府県議選では、都道府県内を複数の選挙区に分けて、１人以上の当選者を選ぶ仕組みだ。

２０２３年の統一地方選で、朝日新聞の報道（２０２３年４月１日）によれば、41道府県議選のうち25％は無投票だった。また、朝日新聞が２０１９年から２０２３年３月初めまでのデータで調べたところ、47都道府県議選の全１０９０選挙区中４０７選挙区（37・３％）の６８４人が無投票で当選し、定数２６７９の25・５％にのぼったという。無投票で当選した684人中、女性は4・7%であり、無投票の選挙区には女性の立候補者が少ないことがわかる（朝日新聞デジタル、2023年3月4日）。

無投票当選は1人区で多い。全国に1人区は411か所あったが、その52・6%が無投票だったという。2人区の37・6%より15ポイント、3人区の28・5%より24・1ポイント高い。定数が少ないほど無投票の割合が高くなるわけだ。しかも、1人区の無投票は自民党の牙城となる。1人区で無投票だった216人のうち、86・6%の187人が自民党公認か推薦・支持で立候補していた。

これが大阪になると、大阪維新の会になる。大阪では2011年以降、「身を切る改革」を標榜《ひょうぼう》する大阪維新の会が過半数を握った府議会で定数を削減してきており、2023年までに109から79へと3割近く減った。人口規模が近い神奈川や愛知の県議会は100を超えている。この結果、当選者が1人だけの「1人区」が増え、53選挙区のうち36と7割近くになった。大阪維新の会は、2019年の府議選で当時31あった1人区のうち26を獲得し、2023年の府議選では、この36の1人区のうち、実に35を占めた。

なり手不足も深刻だ。全国町村議会議長会は2024年、「町村議会議員のなり手不足対策検討会」の報告書を公表した。これによると、2019年5月～23年4月にあった926の町村議選（補選・再選挙は除く）のうち254議会（27・4％）が無投票だった。2015年5月～19年4月の932議会中204議会（21・9％）から50議会が新たに無投票となった。2019年5月～23年4月の選挙で無投票ではなかったものの、立候補者の数がかろうじて「定数＋1」だったのは299議会（32・3％）にのぼっている。

投票率も低下している。明るい選挙推進協会の調べでは、統一地方選において、多少の上下はあっても、都道府県知事選、都道府県議選、市区町村長選、市区町村議選すべてで1947年の第1回以来、右肩下がりであり、2019年、2023年の過去2回ではこの4種類の選挙すべてで5割を切っている。

このように多様性に欠け、なり手がおらず、有権者の関心も低い……という深刻な負の循環に陥っている地方議会だが、このままでは民主主義の危機である。もはや持続可能ではない。打開するには、議員の兼業を認める、夜間議会を開く、報酬を引き上げる、供託金を引き下げる、などの方策も考えられるが、「女性や若者を増やす」という観点から考えて、有効な改革ではないかと思われるのは、選挙制度改革だ。

100年以上変わらない地方の選挙制度

国政では1994年に衆院選においてそれまでの中選挙区制から小選挙区比例代表並立制に変わるという大規模な改革が導入されているが、地方議会においては長らく抜本的な改正はされていない。都道府県議会及び政令指定都市議会の選挙が現行制度になったのは、1899年である。100年以上も前、19世紀のことなのだ。

2013年に公職選挙法が改正されて、都道府県の裁量の余地が増えるなどの改革はあるが、制度そのものが変わったわけではない。都道府県内の複数の選挙区で、1人以上を選ぶという仕組みはそのままである。最大の選挙区は鹿児島県議会の17人区というものがある。ちなみに鹿児島県議会は1人区も11あって、非常に極端である。

市町村議会は1911年に単記制という、市町村全体の選挙区の中から1人だけを選ぶという仕組みになった。しかし、この制度は定数の多い大都市部などでは「当選に必要な最低得票率が極端に低くなる場合がある」（総務省で2016〜17年に開かれた「地方議会・議員に関する研究会」報告書より）。「お得意さん」「常連さん」だけ固めれば当選が可能ということであり、投票率が低くなればなるほどその傾向は顕著になる。

多様性やなり手不足、投票率の低下などの問題を議論するために総務省が設置した、学識経験者や全国都道府県議会議長会など地方議会の連合体の幹部らからなる「地方議会・議員のあり方に関する研究会」が2020年9月に出した報告書には、選挙制度について「幅広い国民的議論が行われることを期待したい」とある。まだ、国民的議論はほとんど巻き起こっていない。だが、これだけ地方の議会政治が隘路《あいろ》に陥っている今、選挙制度改革について考えるべき時ではないのか。

まず、都道府県議会であるが、国政のようにある程度政党化が進んでいるため、比例代表制を導入するというのも一案である。そのためには、今よりも選挙区を広くする、あるいは全県で1区にすることが考えられるであろう。

政党ごとに作成される比例代表名簿は、順位をつけない非拘束名簿式（今の参院選の比例区の名簿と同じく、候補者か政党名のどちらでも投票できる）にすれば、無所属の議員も「無所属」枠で立候補ができる。今の制度と比べて、なぜ比例代表がいいのかと言えば、まず今深刻な問題となっている「無投票」がなく、有権者が選択できるということがある。死票も少ない。

市町村議会は、都道府県に比べて党派性が薄い。その場合、研究会で行われた議論に「制限連記制」というものがある。聞き慣れないが、1946年、女性に選挙権と被選挙権が導入されて初めて行われた衆議院選挙の際に、この方式、「大選挙区制限連記制」が取られた。連記制とは複数の候補に投票できる制度のことで、「制限」がつくと、定数よりも少ない複数の投票をする。たとえば、定数3の選挙区で2人に投票したり、定数10の選挙区で3人に投票したりする。

1946年の衆院選では、原則として定数4〜10人の選挙区では2人の候補に、11人以上の選挙区では3人の候補に投票することができた。その結果、79人の女性が立候補して39人が当選したのである。女性当選者の割合は8・4%で、この数字はその後59年間破られなかったというのは前述の通りである。中選挙区制に移行した1947年の衆院選では85人の立候補者に対し、当選者は15人と1946年の半分以下になった。以降停滞を続けるのである。連記制のもとでは、おそらく2人目や3人目として女性に投票した人が多かったと思われる。

1947年の国会にて

実際、選挙制度改正について議論した1947年の国会（現行の憲法の施行前で、最後の帝国議会）でも、女性が少なくなってしまうのではという懸念は出されている。帝国議会会議録によれば（以下、旧字体は新字体に、旧仮名遣いは新仮名遣いに改めて引用）、たとえば3月28日の衆議院では日本社会党の加藤鐐造《りょうぞう》氏が「これによって婦人代議士が非常に減少することは、これは多くの人が予想しておるところであります、この点につきましては、昨日でありましたか、一昨日でありましたか、自由党の大野幹事長も婦人代議士に対しまして、君らは最後だからよく見ておけというようなことを言われて、婦人代議士が非常に憤慨されたという事実も私は聞いておるのでありますから、自由党の大野幹事長が保証せられるごとく、婦人代議士が非常に減少するであろうことは、何人も予想し得るのでありますす」と述べている。自由党の「大野幹事長」とは著名政治家の大野伴睦《ばんぼく》氏のことであり、その大野氏が女性議員に対し、「君らは最後だから」、つまり次の選挙では落選するから、と言ったというのである。

加藤氏はさらに幣原《しではら》喜重郎国務相に対し、「どうしても婦人の協力を政治の上に求めるためには、私はできるだけ婦人の政治への進出が必要だと考えるのでありますが、この点につきまして幣原国務相の見解を承りたい」と迫った。

すると幣原氏は「私がここではっきり申し上げ得られることは、この法律の改正案というものは、決して婦人を減ずるなんというような考えは毛頭ありません。婦人の努力を政治の上に利用するということは、これはきわめて必要なことであり、有益なことであると思っております。そういったような意味でこの改正案が出たものではないと私は確信いたします。また私はそういったような結果を生じないように、私は自分で念願しております」と答えている。しかし、幣原氏が念願しただけでは「婦人減」は止められなかった。

また3月31日の貴族院では、長島銀蔵氏が「中選挙区単記制に致しますると、此《こ》の前の選挙の時には連記制でありましたから婦人代議士あたりが出易《でやす》かった、詰《つま》り投票者に女の方も有権者と為《な》られたので、同性の誼《よし》みと云《い》うような意味合の感じからして二人、三人書く、男の方の御名前を書いて、そして仮に一人とか二人とか空きがあった場合には女の名前を女なるが為に書くと云うようなことから、女の方も相当御当選なさった訳でありますが、今度のような単記制に致しますと、非常に当選率が少くなってしまうが如《ごと》くに考えられる訳なのですが、此の点に付きまして婦人代議士を今迄《まで》のような割合に出して貰《もら》いたいと、仮に言うような意味合から考えますればどうなりましょうか」と質問している。

これに対して、国務相の植原悦二郎氏は「御答致しますが、婦人代議士のみに限って申しますれば、婦人代議士が中選挙区単記は相当不利だと思います」と認めているのである。

ただ、この植原氏の答弁はこの後、「率直に申上げて何故かならば婦人が有権者の数から言えば男子よりは或《あるい》は多かろうと思います、それで本当に婦人の政治的、社会的、経済的の立場を政治の上に現したいと云う意味で、それには婦人のことを知るには婦人に如《し》かず、そう云う意味に於《おい》て婦人が婦人に投票するかと言えば、どうも実際はそうでないようであります、婦人の方が割合に多く男に入れて居る、男の物好きがどうも婦人に入れるような過去の実績に徴してそう云う風に思われます、そこで婦人代議士が宜《よ》いと云う為でなくて、或は婦人が政界に出ることが、日本の現下に於て、日本の政治を民主化する為に、又日本国家を平和国家に建設する為に宜いと云うような理念に基いて、婦人に書いたと云う人はどうも少いようであります、男を書いて一人余って居る所に女も一つ出してみようかと云う風で書いた者が事実は多いようでありますと、妙な方向に進んでいくのだが、ここでは深入りしない。

女性議員からも疑問の声は出された。これらに先立つ1946年7月4日の衆議院では、三木キヨ子氏が「今度の衆議院議員選挙法に関しまして改正されると云うことでございますが、私共婦人議員からの希望と致しましては、此の度は連記制を単記制にして、連記制を廃止されると云うことを伺って居るのでございますが、是は婦人の立場と致しまして断乎として此の連記制の廃止に対しては反対すると云う希望を申上げる次第でございます」と述べているのである。この三木キヨ子氏という政治家は、大阪1区（当時）から立候補、「食糧の確保とひとり3畳の住まい」を訴えて、27歳という最年少で当選した。定数7に81人が立候補、7位だった。その後、1947年、1949年の衆院選にも出馬したが、落選している。

多様な民意のゆくえ

このように、連記制から中選挙区単記制に変更すると、女性の当選者が減ることは多くの人が懸念していたが、その通りの激減となった。しかもその後半世紀以上、連記制での当選者数を上回らなかったのである。

連記制のメリットには何があるだろう。まず、過去の例からもわかるように、有権者はより多くの選択肢を手にするので、多様な人が当選しやすい。また、これまでの区市町村選挙のように、大きな自治体では何十人もいる候補者の中から1人、というのはなかなか選びにくいが、複数となれば少しは決めやすくなるかもしれない。これらのメリットのために、選挙への関心が高まる可能性もある。自分の投票によって変わるかもしれない、という期待値が高まるだろう。

もちろん、懸念もある。総務省の研究会の報告書では、「無責任な投票行動を招来するおそれや、議員自身の有権者に対する責任感を希薄化するおそれがあることから、慎重に考えるべきではないか」といった意見も盛り込まれている。だが、1票が2票になったために、有権者は無責任な投票行動をするだろうか。議員が、有権者への責任感を感じなくなるだろうか。現実はもう、政治家を選ぶという選挙制度が立ちゆかなくなるところまでに来ているのだから、少なくとも、他の案を検討する時期に来ているのではないだろうか。

もうひとつ、多様な民意の代表者を政治の場に送る選挙制度の改正では、被選挙権年齢の引き下げも論点であろう。第4章で取り上げた、20代、30代の女性、ノンバイナリー、Xジェンダーの政治家を増やそうと「FIFTYS PROJECT」を設立した「NO YOUTH NO JAPAN」代表理事の能條桃子さんは、被選挙権年齢を選挙権と同じ18歳以上に引き下げるべく活動している。国会議員に立法を働きかけ、国を相手に被選挙権を行使できる地位の確認などを求める裁判も起こした。

選挙権年齢が18歳以上になったのは、２０１５年の公職選挙法の改正によってである。それまでは20歳以上だった。しかし、被選挙権年齢は据え置かれ、衆院議員と地方議会議員・市区町村長は25歳以上、参院議員と都道府県知事は30歳以上のままである。

若いから、人生経験が不足しているからまかせられないだろうか。しかし、いくら年齢を重ねていたってまかせられない人はいるだろうし、若いからこその発想力、行動力、突破力にかけてみたいという人もいるだろう。当然のことながら「選挙」という洗礼は受ける。まかせられないと思うのなら、選ばなければいいだけの話である。

世界の潮流から言っても、イギリスの下院、ドイツの下院、フランスの下院の被選挙権年齢は18歳以上である。アメリカの上院は30歳以上、下院は25歳以上だが、地方レベルでは18歳以上のところもある。

多様な民意を代表する制度にするためにはどうしたらいいか、検討すべき時だ。

女性政治家が増えたら、男性も生きやすくなる

以上、各地で起きている兆しや女性議員を取り巻く歴史や環境の変化と変わらないこと、世界の状況や、今後の展望や制度改正などについて述べてきた。

最後にもう一度、なぜ女性を政治の世界に増やす必要があるのかを考えたい。

シンプルに、人口の半分は女性なのだから、ということがある。そして、女性議員を増やすということは、それまで日が当たっていなかった問題に光を当てて可視化し、課題として認識させ、さらに対応する政策を作って解決に至らせるという意味がある。政治家が男性（しかも年長者）に占められていたら、おのずと政策は偏ってしまうだろうし、実際そうだったのは、これまで見てきた通りである。

一般的に言って、女性が中心になって取り上げてきた政策は弱者に寄り添う政策、生き

やすくなる政策である。逆に言えば、そういう課題はそれまで放置されてきたのだ。売春防止法、児童買春・ポルノ禁止法、ドメスティック・バイオレンス防止法、性犯罪の厳罰化、未婚の寡婦控除……。これらは女性だけに向けられた政策ではない。弱い立場の人が守られる、光を当てられる社会は、すべての人が生きやすくなる社会なのだ。

多様化が進んだ現代においては、それに対応すべく政治家も多様化するのは必須であろう。その多様性の第一歩が、まずは女性なのである。そこを増やしたら、二歩目以降は一歩目よりも変化が容易であるはずだ。

より若い人、LGBTQ、ひとり親、学生、さまざまな職業・経歴……。いろいろな属性の人が政治家となって議論をしたほうがいい。それまで捨て置かれた人々のつらさや苦しみは当事者が一番わかる。

世襲も含め、今まであまりに似通った属性の人ばかりに占められてきた政界は、しがらみでがんじがらめになり、変化に臆病になり、新しいことに取り組めず、イノベーションからも遠くなる。内向きの論理に支配される。繰り返される政治と金の問題などはその最たるものではないか。世間の人たちは政治家よりもずっと、それがわかっている。だから、新しい政治の象徴として女性が好まれる。

グローバルに見ると、そういった内向きで既得権にまみれた政治の象徴がエリートであり、だからアメリカではドナルド・トランプ氏のような反知性主義の権化のような政治家が台頭してくる。しかし、それに対するカウンターのように女性議員も増えた。２０２４年の選挙後の連邦議会の女性議員は上下両院で合計１５１人と過去最多となった。議院別に見ると上院定数１００人のうち24人、下院定数４３５人のうち１２７人が女性だ。同年の大統領選でカマラ・ハリス氏はトランプ氏に負けてしまったが、女性の政治家はこれからも増え続けるだろう。

女性が政治の世界に増えれば、それまでの政治文化や環境も変わるはずだ。「政治は夜決まる」「料亭政治」――当たり前のように行われてきたことが、当たり前でなくなる。日本よりもずっと女性が政治の世界で活躍しているスウェーデンですら、少し前までサウナで、あるいは夜ウィスキーを飲みながら男性政治家が議論をし、時に意思決定をしていたのだ。台湾だって「裏庭交渉」があった。透明化が進み、意思決定のやり方が変わる。

今はやりの言葉で言えば、女性は「ゲーム・チェンジャー」なのである。民主主義を機能させるためのゲーム・チェンジャーだ。

政治がニュースになるたびに、わからない、無力、怒り、あきらめ、不信といった感覚があったかもしれないが、新参者が増えれば当然政策も変わるだろう。政治の世界が遠すぎて何をやっているかわからないと思っていた人たちの関心が政治に向くようになり、自分のこととして、政治がもっと身近に感じられる。投票率が上がり、そして自分も出てみたい、勝てると思うかもしれない。ここに、正の循環が生まれる。今の日本の政治で起きていることと逆である。

知り合いの知り合いくらいが政治家になるようになる。それも身近に相談に行けるくらいの距離感で、偉くて遠い「センセイ」ではない。政策も、少しずつ生活実感に即したものになってくる。ああ政治も変わるのだ、選挙も手伝ってみようかなと思える。政治が手触り感を持ち、日々の暮らしに根ざし、民主主義を自然体で実現できるようになる。

むろん、そんなに簡単なものではない。遠い道だし、行きつ戻りつするだろう。しかし、今の政治を見ていると、「行きつ戻りつ」も感じられない。

政治権力というものは、放っておけば必ず腐敗するし、民の自由を侵食してくる。これを防ぐには、新しい風を入れることが肝心である。瀕死《ひんし》の民主主義が息を吹き返すきっかけが女性を増やすこと、いわば反転攻勢だ。世の人々は今、これを求めている。各地で起きている事象が示している。

女性政治家を増やす。もちろん、すべての女性が良い政治家になれる、女性政策に関心があるなどと言うつもりはない。女性だっていろいろな人がいる。男性にもいろいろな人がいるように。ただ、「いろいろな」人が含まれるには、今はあまりに数が少なすぎる。倍に増えれば、相当政策は変わるはずだ。今まで焦点の当たらなかった政策も取り上げられるだろう。それは女性だけではなくて、少数派が生きやすい社会。少数派が特権をふりかざすのではなくて、みんなが生きやすい社会なのだ。それが民主主義が機能しているということだろう。

政治が、政策が、社会が、世の中の雰囲気が変わる。

女性政治家を増やすことは、その実現への第一歩なのである。

女性政治家を増やそう。

おわりに

私事から始めることをご容赦いただきたい。

筆者が朝日新聞の政治部に配属になったのは1998年のことである。男女雇用機会均等法は入社のかなり前に施行されており、同期の3割くらいは女性だった。政治部に転勤になる前、地方支局時代にも、女性の同僚は多くいた。そもそも新聞社に入りたいと思ったのは、女性が多く働いていて、他の業界に比べて女性だ男性だと気にすることがなさそうだと思ったからだ。実際、政治部に来るまでは、女性が少ない、と意識することはあまりなかった。

政治部に所属になった初日。筆者は部会で自己紹介をすることになった。緊張でずっとうつむいていた筆者は部長に促され、顔を上げた。

見渡す限りのグレー……。

そうなのだ、会議室を埋め尽くしていたのは、グレーのスーツ姿の男性たちだった。当時、政治部に女性は筆者を含めて3人で（部員は全部で50人以上いたはずだ）、しかも彼女たちはその場にいなかった（そして、そのうち1人は程なく異動となって、しばらく政治部には女性が2人しかいない状態が続いた）。

グレー一色の圧迫感といったら……！　筆者は頭の中が真っ白になり、自己紹介で何を言おうとしていたのかきれいさっぱり忘れてしまって、しばし気まずい空白の時間が流れた。あの時の光景を一生忘れることはないだろう。

なぜ政治ジャーナリズムが男性ばかりなのか。それはすぐにわかった。取材対象が男性ばかりだからだ。私たちジャーナリストは、ある種、取材対象の鏡とも言える面がある。女性政治家が少ない。だから当時、国会には女性トイレは非常に少なかった。そりゃそうだろう。需要も少ないのだから。

男性トイレの一角をよしずで区切って、女性トイレとして使っているところもあった。落ち着いてトイレもできやしない。筆者は国会内の少し奥まった場所に安心してくつろげるトイレを見つけて、いつもそこに駆け込んでいた。アメリカで１９６０年代に黒人女性たちが宇宙船開発計画に携わった様子を描いた映画『ドリーム』が２０１６年に公開されたが、その中でも彼女たちの使っていいトイレは限られていて、いつも走って向かう様子が描かれていた。少数派の困りごとってどこも同じなんだ、と思ったことを覚えている。

話を国会に戻すと、数少ない女性政治家たちには、とてもじゃないが共感できないタイプもいた。というか、率直に言ってそういうタイプのほうが多いように思えた。でも仕方ないのだ。そもそも母数が少ないから、特殊な人しか永田町に来ない。その状態は長く変わらなかった。増えたと思っても、次の選挙で元の木阿弥……そんなこともよくあった。

そういう世界をずっと見てきた身からすると、この数年の変化は目を見張るばかりだ。特に地方のあちこちで変化が起きている。あともうちょっと、ゲーム・チェンジが起きるまであともう少し、のように思える。しかもグローバルには日本よりずっと早く変化が起きていて、各国で女性政治家がどんどん増えている。

女性政治家が増えて、政治や政策がどう変わったかは、述べてきた通りだ。そもそも人口の半分は女性なのだから、代表する人たちだってそのくらいいるのが自然だろう。

今のように、分断や政治不信が高まって、民主主義の危機が叫ばれる時代にはなおさらである。政治がもっと身近に、生活に根ざしたものになり、多様になって、いろいろな人の声がすくいあげられるようになる。もちろん、最初は意思決定に時間もかかるだろうし、忍耐が必要になるだろうし、混乱もあるだろう。でも、それが民主主義というものだとも思う。

本書を書くにあたっては、とても多くの方々にお世話になった。筆者の所属する朝日新聞GLOBE編集部、長く所属した政治部をはじめとする同僚や先輩の皆様方。永田町や各地の政治家の方々、市民活動などを通じて女性政治家を支援する皆様方、日本はもちろん、アメリカ、フランス、スウェーデン、台湾など世界各地で取材させていただいた方たち。もちろん家族にも。集英社の野呂望子《のぞみ》さんには、筆者に辛抱強く寄り添って最後まで伴走していただいた。心からお礼を申し上げたい。

そして、本書を手にとっていただいたあなた、本当にありがとうございます。

女性政治家を増やし、民主主義を機能させるのはあなたです。

秋山訓子

2025年1月31日

秋山訓子（あきやま のりこ）

朝日新聞編集委員。東京生まれ。東京大学文学部卒業。ロンドン政治経済学院にて修士、筑波大学にて博士号を取得。朝日新聞入社後、政治部、経済部、AERA編集部などを経て現職。政治やNPO・市民社会、多様性・ジェンダーなどを中心に取材。著書に『女は「政治」に向かないの？』『コーヒーを味わうように民主主義をつくりこむ』ほか。

女《じょ》性《せい》政《せい》治《じ》家《か》が増《ふ》えたら何《なに》が変《か》わるのか

集英社新書一二五三A

二〇二五年三月二二日　第一刷発行

著者……秋山《あきやま》訓子《のりこ》

発行者……樋口尚也

発行所……株式会社集英社

東京都千代田区一ツ橋二-五-一〇　郵便番号一〇一-八〇五〇

電話　〇三-三二三〇-六三九一（編集部）

〇三-三二三〇-六〇八〇（読者係）

〇三-三二三〇-六三九三（販売部）書店専用

装幀……原　研哉

印刷所……大日本印刷株式会社　TOPPAN株式会社

製本所……ナショナル製本協同組合

定価はカバーに表示してあります。

　ISBN 978-4-08-721353-9 C0231

Printed in Japan

a pilot of wisdom

a pilot of wisdom

集英社新書　好評既刊

東京裏返し　都心・再開発編
吉見俊哉　1243-B
再開発が進む東京都心南部。その裏側を掘り起こす、七日間の社会学的街歩きガイド。

わたしの神聖なる女友だち
四方田犬彦　1244-B
昭和の大女優、世界的な革命家、学者、作家、漫画家など、各領域で先駆者として生きた女性の貴重な記録。

恋する仏教　アジア諸国の文学を育てた教え
石井公成　1245-C
仏教の経典や僧侶たちの説法には、恋愛話や言葉遊びがいたるところに。仏教の本当の姿が明らかになる。

捨てる生き方
小野龍光／香山リカ　1246-C
仏門に入った元IT長者と、へき地医療の道を選んだ精神科医が語る、納得して生きるための思索的問答。

アメリカの未解決問題
竹田ダニエル／三牧聖子　1247-A
米大統領選と並走しつつ、大手メディアの矛盾や民主主義への危機感、日米関係の未来について緊急対談。

はじめての日本国債
服部孝洋　1248-A
「国の借金」の仕組みがわかれば、日本経済の動向がわかる。市場操作、為替、保険など、国債から考える。

働くことの小さな革命　ルポ 日本の「社会的連帯経済」
工藤律子　1249-B
資本主義に代わる、「つながりの経済」とは？　小さなコモンを育む人々を描く、希望のルポルタージュ。

新聞記者がネット記事をバズらせるために考えたこと
斉藤友彦　1250-F
ネット記事で三〇〇万PVを数々叩き出してきた共同通信社の記者が、デジタル時代の文章術を指南する。

人生は生い立ちが8割　見えない貧困は連鎖する
ヒオカ　1251-B
実体験とデータから貧困連鎖の仕組みを明らかに。東京大学山口慎太郎教授との対談では貧困対策等を検討。

アセクシュアル アロマンティック入門　性的惹かれや恋愛感情を持たない人たち
松浦　優　1252-B
LGBTに関する議論から取りこぼされてきた、セクシュアリティを通じて、性愛や恋愛の常識を再考する。

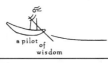